흔들리지 않고 끝까지 계속하게 만드는
루틴의 힘

흔들리지 않고 끝까지 계속하게 만드는

루틴의 힘

Manage Your Day To Day

댄 애리얼리, 그레첸 루빈, 세스 고딘 외 지음 | 조슬린 K. 글라이 엮음 | 정지호 옮김

부·키

지은이

스콧 벨스키 | 그레첸 루빈 | 마크 맥기니스 | 세스 고딘 | 토니 슈워츠 | 리오 바바우타 | 칼 뉴
포트 | 크리스천 재럿 | 댄 애리얼리 | 에린 루니 돌랜드 | 토드 헨리 | 스콧 맥도웰 | 스테판 사
그마이스터 | 엘리자베스 그레이스 손더스 | 에런 디그넌 | 로리 데솅느 | 티퍼니 쉴레인 | 린다
스톤 | 제임스 빅토르 | 스티븐 프레스필드 (이상 원고 게재 순)

옮긴이 정지호
한국외국어대학교에서 일본어와 영어를 전공하고 성균관대학교 번역대학원에서 문학(번
역학) 석사 학위를 받았다. 대학을 졸업하고 영상 및 기술 등 다양한 분야에서 번역 일을
하며 경험을 쌓았다. 현재는 책이 좋아 출판 번역의 길로 들어섰다. 옮긴 책으로는《부두
에서 일하며 사색하며》《시작과 변화를 바라보며》《우리 시대를 살아가며》《한 걸음의 법
칙》《영혼의 연금술》《인간의 조건》《마음대로 고르세요》《하이라인 스토리》등이 있다.

루틴의 힘

2020년 2월 10일 초판 1쇄 발행 | 2024년 1월 31일 초판 25쇄 발행

지은이 댄 애리얼리, 그레첸 루빈, 세스 고딘 외
엮은이 조슬린 K. 글라이 | 옮긴이 정지호
펴낸곳 부키(주) | 펴낸이 박윤우
등록일 2012년 9월 27일 | 등록번호 제312-2012-000045호
주소 서울시 마포구 양화로 125 경남관광빌딩 7층
전화 02)325-0846 | 팩스 02)325-0841
홈페이지 www.bookie.co.kr | 이메일 webmaster@bookie.co.kr
제작대행 올인피앤비 bobys1@nate.com
ISBN 978-89-6051-772-1 03190

이 도서의 국립중앙도서관 출판예정도서목록(CIP)은 서지정보유통지원시스템 홈페이지
(http://seoji.nl.go.kr)와 국가자료공동목록시스템(http://www.nl.go.kr/kolisnet)에서 이용하
실 수 있습니다.(CIP제어번호: CIP2020000393)

이 책에 대한 찬사

- 나는 내 창의력과 생산성을 높여 주고 나를 방해하는 것들을 물리칠 방법을 늘 찾아 헤맨다. 그래서 이 책을 펼쳤다.
  _대니얼 핑크, 《언제 할 것인가》 저자

- 세계 최고의 지성들이 당신의 인생을 바꿀 수 있는 조언을 들려준다. _A. J. 제이콥스, 《한 권으로 읽는 브리태니커》 저자

- 창의성 분야의 정예병 같은 인물들이 한데 모여 쓴 책이다. 그래서 나는 우리 직원들에게 한 권씩 선물했다.
  _조 게비아, 에어비앤비 공동 창업자

- 이 책은 우리의 성공을 방해하는 것들을 발견할 수 있도록 도와줄 뿐 아니라 우리가 성과를 낼 수 있는 시간과 장소도 발견하도록 도와준다. _폴라 셰어, 그래픽 디자이너

- 이 책은 우리의 집중력을 흩뜨리는 것들로부터 시간과 에너지를 단단하게 지켜 내는 방법을 알려 준다. 《포브스》

- 실용적인 아이디어와 통찰, 보석 같은 조언이 이 책 곳곳에 숨어 있다. 앞으로 나아가기 위해 응원과 동기 부여가 필요하다면 이 책을 반드시 읽어라. 《석세스매거진》

- 크리에이터라면 꼭 읽어야 할 책. 《버즈피드》

최고의 아이디어 플랫폼,
99U에 대하여

발명가 토머스 에디슨이 남긴 "천재는 1퍼센트의 영감과 99퍼센트의 노력으로 이뤄진다"는 명언처럼, 위대한 아이디어를 현실로 이끌기 위해 우리는 행동, 실험, 실패, 적응과 배움을 일상적 루틴의 차원에서 수행해야 한다.

'99U'는 어도비Adobe의 크리에이티브 사이트 '비핸스Behance'의 프로젝트 중 하나로, 영감과 아이디어를 실현하고 창의성과 생산성을 동시에 극대화할 수 있는 효과적인 기술을 소개하는 온라인 매거진이자 싱크 탱크다. 전 세계의 수많은 리더와 창작자가 이 플랫폼을 통해 일상, 업무, 창의력, 리더십, 자기 계발, 시간 관리, 커리어, 혁신 등 다양한 주제에 대한 통찰과 노하우를 공유하고 있다. 99U는 '디지털 문화와 과학을 위한 국제 아카데미'가 매년 뛰어난 웹사이트에게 수여하는 '웨비 상Webby Award'을 2011, 2012년에 연속 수상했다. '인터넷계의 오스카상'이라 불리는 웨비 상을 수상한 다른 플랫폼으로는 구글, 페이스북, 테드TED, 나사NASA, 《뉴요커》, 《뉴욕타임스》, 《내셔널지오그래픽》, 레고, 생로랑 등이 있다.

빛나는 인생을 위한
최고의 실천 교본

현재 우리가 사는 세상은 미켈란젤로, 마리 퀴리, 어니스트 헤밍웨이가 살던 세상과 다르고, 심지어 20세기 말에 작고한 전설적인 그래픽 디자이너 폴 랜드가 살던 세상과도 사뭇 다르다. 쉼 없이 등장하는 신기술이 한층 더 강력하게 사람들을 매혹시키는 신세계이자, 우리의 정신이 늘 개방돼 있어야 하고, 누구나 언제든 우리 귀에 대고 속삭일 수 있으며, '자기만의 방'에 있다고 해도 더 이상 오롯이 혼자서 존재할 수 없는 그런 세상이다.

창의성은 주변의 신호와 소음에 굉장히 민감하다. 그리고 현재 우리는 하루 24시간 내내 각종 알림에 끊임없이 시달린다. 이런 긴급한 요구에 이리저리 끌려다니다 보면 창조를 위해 집중할 수 있는 시간과 공간을 찾기는 더욱 어려워진다.

《루틴의 힘》에는 우리 앞에 펼쳐진 신세계에서 성공하기 위해 숙달해야 하는 네 가지 핵심 기술, 즉 탄탄한 일상 구축, 집중력 발휘, 창의력 단련, 일상 도구 관리에 관한 통찰이 담겨 있다.

우리는 이 각각의 영역에 한 챕터씩 할당한 후 세스 고딘, 스테판 사그마이스터, 토니 슈워츠, 그레첸 루빈, 댄 애리얼리, 린다 스톤, 스티븐 프레스필드 등 노련한 사상가 및 창작자를 초대해 그들의 전문성을 샅샅이 들여다보았다. 우리는 신세계의 문제와 난점을 가능한 한 여러 각도에서 접근해 보는 것을 목표로 삼았다.

저마다의 강점과 약점, 감수성이 다르기 때문에 한 가지 방식을 꼭 집어 모두에게 일률적으로 처방하는 것은 불가능하다. 사람에 따라 어울리는 해법은 각기 다르다. 따라서 자기 자신의 필요, 습관, 선호에 따라 여러 전략을 결합해야 한다.

우리는 독자들에게 판에 박힌 생산성 시스템보다는 성과가 입증된 최고의 실천 교본을 제공하고자 한다. 한데 모인 이런 통찰들을 활용해 여러분의 마인드셋과 아이디어와 생활이 새롭게 개선되기를 바란다.

조슬린 K. 글라이 Jocelyn K. Glei, **99U 편집장**

차례

2장 정말 중요한 일에 집중하게 해 주는 루틴의 힘

3장 창의력의 날을 날카롭게 세우는 루틴의 힘

4장 기술과 도구를 최적화하는 루틴의 힘

지금까지 산 것처럼
앞으로도 살 것인가

스콧 벨스키 Scott Belsky

어도비의 커뮤니티 부문 부사장 겸 CPOChief Product Officer, 창작자들을 위한 선도적 온라인 플랫폼 '비핸스'의 공동 창립자 겸 대표. 그는 《패스트컴퍼니》가 선정한 '가장 창의적인 비즈니스 인물 100인'에 이름을 올렸고, 세계적인 베스트셀러 《그들의 생각은 어떻게 실현됐을까》를 펴냈다. 또한 핀터레스트와 우버 등 여러 기업의 투자자이자 자문가이기도 하다.

⬀ www.scottbelsky.com

강력한 통찰에 고도로 집중하다 보면 새로운 깨달음과 불편함이 동시에 찾아온다. 적어도 내가 직접 경험한 바에 따르면 그렇다. 《루틴의 힘》의 초벌 원고들을 검토하면서, 내 자신의 생산성과 마음가짐에 대한 우려가 점점 커지는 게 느껴졌다.

새로운 관점에서 나 스스로를 바라보니, 소중한 에너지의 상당 부분이 알지도 못하는 사이에 나쁜 습관으로 허비되고 있다는 사실을 깨달을 수 있었다. 하루하루의 일상이 주변의 모든 잡다한 것들에 의해 좌지우지되고 있었다. 그러는 동안 정작 나의 진정한 목표와 바람은 무시되고 있다는 게 문제였다.

급속도로 변해 가는 업무 환경 속에서 시간 관리에 관한 자체 점검을 너무 오랫동안 등한시했음을 새삼 느꼈다. 최근 몇 년 동안 아주 많은 것이 변했다. 내 일정과 문서는 이제 모두 클라우드에 저장돼 있다. 내가 사용하는 각종 전자 기기, 앱, 알람 장치, 프로그램은 전보다 훨씬 더 많아졌다. 게다가 어디에서나 일할 수 있는 환경으로 변한 덕분에 업무의 진행 방식에도 생각하지 못한 변화가 일어났다. 늘 바쁘게 허둥대고 열심히 일하느라 잠시라도 멈춰서 생각해 볼 겨를이 전혀 없었다. 작전 타임 없이 계속 경기를 치러야 한다면 게임을 뜻대로 풀어 가기는 불가능할 것이다.

물론 훌륭한 리더들은 자기 안의 악마를 몰아내기 위해 그 악마와 직접 대면하는 쪽을 택해 왔다. 나도 그 정도는 알고 있었지만, 당장 처리해야 할 심각한 문제라고는 여기지 않았다.

그러나 요즘 악마들의 술수는 한층 더 사악해졌다. 일상의 조그만 골칫거리와 자잘한 일들이 커다란 성공을 이룰 수 있는 우리의 잠재력을 쥐도 새도 모르게 갉아먹고 있는 중이다.

정말 아이디어가 문제일까

나는 창작 업계에서 탄탄한 비즈니스 실천 습관을 육성하는 분야에 오랫동안 몸담아 왔다. 비핸스와 여정을 함께하면서,《그들의 생각은 어떻게 실현됐을까》의 집필을 위한 연구 활동을 하면서, 나는 수많은 창작자 및 창작 집단과 함께 그들의 프로젝트와 경력에 관해 이야기를 나눴다. 그리고 아이디어를 실현하는 데 생산성과 관리 기술이 얼마나 중요한지, 여러 디자이너, 작가, 기업가에게 소매를 걷어붙이고 강조해 왔다. 내 주문은 늘 한결같았다. "아이디어가 문제가 아닙니다. 아이디어를 실현하는 게 문제입니다."

나는 여러 컨퍼런스와 기업으로부터 '창의성'에 관해 강의해 달라는 부탁을 자주 받는다. 그럴 때마다 내가 먼저 "좋은 아이디어가 있습니까?"라고 질문을 던지면, 사람들의 대답은 십중팔구 "물론이죠. 그렇지만……"으로 시작해 이런저런 변명이 이어진다.

"회사 규모가 커서 새로운 아이디어를 실현하는 게 너무 어렴네요."

"일상적인 일에 치이다 보니 새로운 프로젝트 진행이 잘 안 됩니다."

"위쪽에서는 혁신을 외치면서 진행은 가로막아요."

이들은 '창의성'을 이야기하지만 정말 필요한 것은 좀 더 효율적으로 행동할 수 있게 해 줄 '실행'과 관련된 도움이다. 그런데 문제의 본질이 '실행'에 달려 있다는 점이 확실해지면 사람들은 재빨리 비난의 화살을 환경 탓으로 돌린다. 회사 조직이 너무 크거나 작아서, 경영진이 일을 망쳐서, 아니면 '프로세스' 자체가 문제라는 식으로 말이다.

이제 어쩔 수 없는 환경에 매달리는 걸 그만두고 자신이 책임질 수 있는 일을 생각할 때다. 완벽한 일터란 없다. 따라서 가장 심각한 문제는 보다 근원적이고 개인적인 영역에 있다. 결국 개인의 실천 습관이 우리 일의 완성도를 결정한다. 정확히 꼬집어 말하자면, 아이디어의 실현을 좌우하는 요소는 올바른 루틴의 보유 여부, 주도적으로 일을 진행하는 역량, 그리고 업무 습관을 체계적으로 최적화하는 능력이다.

왜 우리는 나쁜 습관에 빠질까

소위 엘리트 집단이라는 평가를 받는 사람들에게조차, 업무 방식에 대한 토론을 언제 해 봤는지 물으면 1년에 한두 차례 워크숍을 갖는다는 답변을 들을 수 있을 뿐이다. 왜일까? 모두가 '일'만 하느라 너무 바쁜 나머지 잠시 숨을 고르고 '방식'에 변화를 줄 여유가 없기 때문이다. 단체 경기에는 늘 장애물이 존재할 수밖에 없지만 우리는 수개월, 혹은 수년 동안 고객과 동료를 상대하며 일만 하느라 뒤로 한발 물러서서 검토하고 시스템을 개선할 생각을 하지 못한다.

조직이 아닌 개인으로서의 우리 문제는 더욱 심각하다. 스스로 일에서 잠깐 벗어날 기회를 잡지 못하는 것이다. 현재 하는 일을 중단하고 그 일의 진행 방식을 재고(또는 재편)하는 경우는 거의 없다. 루틴과 관련된 가장 큰 문제는 그 루틴을 우리가 제대로 인지하지 못한 채 살아간다는 점이다. 특히 우리가 변해 가는 업무 환경에 동화되는 사이 나쁜 습관은 좀먹는 것처럼 서서히 우리 안으로 파고든다. 결국 우리는 주위 환경에 휘둘리며 일하게 된다.

생각하며 일하지 않으면 어떻게 되는가

오늘날 우리가 마주하는 가장 큰 문제는 '반응적 업무 흐름'이다. 우리는 이메일, 문자, SNS 등을 통해 최근 소식들을 잠깐잠깐 열어 보고, 그에 대응하면서 하루하루를 그럭저럭 살아 나가기에 급급하다.

서로가 끊임없이 연결되어 있는 가운데, 자신에게 가장 중요한 일을 주도적으로 해내기보다는 눈앞에 닥친 일에 반응하며 살아가는 것이다. 계속 새로운 소식을 받고 기기에 접속해 있다 보니 폭주하는 정보 속에서 생각하고 행동할 여지가 점점 줄어든다.

앞으로 논의를 계속하면서 더욱 깊이 알게 되겠지만, 효율적인 업무 방식과 현대의 경이로운 업적은 희생 없이는 결코 달성할 수 없다. 이 신세계에서 성공하기 위해서는, 일상을 야금야금 갉아먹는 규범과 기존의 효율성에 의문을 던져야 한다.

지금 당장 최적화가 필요하다

업무 흐름을 완전히 밑바닥부터 다시 설계해야 한다. 역설적이게도 일상의 난제와 그에 대한 해결책은 모두 당신에게 달려 있다. 당신이 어디에서 일하든, 어떤 무시무시한 상명 하달식 체제가 업무에 악영향을 끼치든, 마음과 에너지는 오롯이 당신 혼자만의 것이다. 당신은 주변에서 벌어지는 일의 무게 때문에 일상과 업무에서 잠재력을 내팽개칠 수도 있고, 아니면 주도적으로 일과 삶의 방식을 점검한 뒤 시정할 수도 있다.

이 책에는 일상의 생활 리듬을 최적화하는 데 필요한 깊고도 강력한 통찰이 가득 담겨 있다. 이를 통해 여러분은 자신의 업무 습관이 자기 욕구에 맞춰 변한 것이 아니라 주변 환경에 순응하는 쪽으로 바뀌어 왔다는 사실을 깨닫게 될 것이다. 이 책을 재평가의 기회로 활용하라. 하던 일을 잠시 멈추고, 자신이 '어떻게' 살고 일하고 있는지 재고해 보라.

단지 일상에 대한 지배력을 되찾는 것만으로도 자신의 가장 중요한 부분에 큰 영향을 끼칠 수 있다. 일상 밖으로 한 걸음 나와 더 나은 루틴을 구축할 기회를 갖고, 끊임없는 불협화음 속에서 집중력을 되찾으며, 아이디어 실현을 위한 핵심으로 파고들어 당신의 창의적 역량을 갈고닦기를 권한다.

1장

인생의 뿌리를
탄탄하게 만드는 루틴의 힘

일상에 체계, 리듬, 목적을 갖추는 법

우디 앨런은 "성공의 80퍼센트는 '등장'에 달려 있다"고 말했다. 50여 편의 영화에서 시나리오와 감독을 담당한 앨런은 분명 성취의 비밀을 알고 있는 사람이다. '언제, 어디서, 어떻게 등장할 것이냐'는 아이디어를 실행하는 데 가장 중요한 요소이기 때문이다.

수많은 위대한 창작자가 일상의 루틴을 고수하는 이유는 바로 이 때문이다. 안무가 트와일라 타프는 매일 동이 틀 때 일어나 택시를 잡아타고 헬스장으로 향한다. 스스로 '방아쇠를 당기는 순간'이라고 부르는 일종의 의식儀式이다. 화가 로스 블레크너Ross Bleckner는 신문을 읽고 명상을 한 다음 오전 8시쯤 화실에 도착한다. 이른 아침의 적막 속에서 일하기 위해서다. 소설가 어니스트 헤밍웨이는 무슨 일이 있어도 반드시 하루에 500단어씩 썼다.

진정 위대한 성취에는 수백, 수천 시간의 작업량이 필요하기에 우리는 날마다 짬을 내어 그 시간을 채워야 한다. 이를 실행하는 데 루틴이 도움을 준다. 루틴을 통해 우리는 기대치를 설정하고, 자신의 역량에 맞춰 업무 흐름을 조율하며, 규칙적인 창작의 리듬을 맞출 수 있다. 루틴의 형성에는 결국 인내와 지속성이 관건이다. 영감靈感이 찾아오길 마냥 기다리지 마라. 영감을 담을 수 있는 뼈대를 먼저 만들어 둬라.

좋아하는 일일수록
자주 실천하라

그레첸 루빈 Gretchen Rubin

베스트셀러 《무조건 행복할 것》《집에서도 행복할 것》《지금부터 행복할 것》
《나는 오늘부터 달라지기로 결심했다》의 저자. 행복에 관한 고대의 지혜, 과학
적 연구 성과, 대중적 교훈을 자신의 경험으로 풀어내는 일을 한다. 자신의 블
로그에 행복을 얻기 위한 일상의 모험담을 올리고 있다.

ⓒ www.happiness-project.com

우리가 천천히 그리고 꾸준히 일했을 경우, 단기간에 해낸 일은
과장하는 반면 장기간에 해낸 일은 오히려 과소평가하곤 한다.
성실한 작가인 동시에 영국의 우편 체계 혁신에 공헌했던 19세
기 소설가 앤서니 트롤럽Anthony Trollope은 이렇게 말했다. "아

무리 작은 분량의 작업이라도, 매일매일 해낸다면 헤라클레스의 업적도 넘어설 수 있다." 빈도를 높여 자주 실천하는 습관은 비록 따분해 보일지언정 생산성과 창의성을 높여 준다.

나는 작가로서 주말, 휴일, 휴가 등을 포함하여 하루도 빠짐없이 일한다. 가끔 15분 정도로 짧게 일을 끝마치는 경우도 있지만, 대개는 꽤 긴 시간 동안 글을 쓰며 단 하루도 집필을 건너뛰지 않는다. 이렇게 일을 자주 하는 습관이 붙으면 독창성은 물론 성취도도 훨씬 높아진다. 그 이유는 다음과 같다.

자주 하면, 시작이 수월해진다

항상 시작이 문제다. 일을 시작하는 것은 언제나 힘들다. 도중에 쉬었다가 다시 시작하려면 처음에 겪었던 어려움을 또 겪어야 한다.

그러나 매일매일 하다 보면 그 감각을 계속 유지할 수 있다. 도중에 일에서 멀어질 새가 전혀 없는 것이다. 자신의 위치를 망각할 일도, 이미 해 놓은 일을 떠올리거나 본궤도로 다시 올라서기 위해 검토하느라 시간을 낭비할 필요도 없다. 기존 프로젝트가 기억 속에 생생하게 남아 있기 때문에 중단한 시점으로부터 다시 수월하게 시작할 수 있다.

자주 하면, 아이디어가 신선해진다

당신의 마음이 일과 관련한 문제로 끊임없이 설렌다면 아이디어들 간의 새로운 연관성을 발견하기가 훨씬 쉬워진다. 일에 깊이 골몰해 있으면 보고 듣는 모든 것이 다 연결된 것 같은 짜릿한 느낌이 든다. 세상 전체가 전보다 재미있는 곳으로 변하는 것이다.

이 점은 대단히 중요하다. 소재를 미치도록 갈망하여 촉각을 곤두세울 때 비로소 아이디어가 흘러들어 오기 때문이다. 반대로 일을 꾸준히 하지 않으면 일에 계속 집중하기 힘들어진다. 걸핏하면 슬럼프나 혼란에 빠지고, 딴것에 신경을 쓰거나, 원래 목표가 무엇이었는지 잊어버리는 것이다.

자주 하면, 부담이 줄어든다

일주일 동안의 결과물이 겨우 한 페이지, 블로그 포스팅 한 건, 스케치 하나라면 당연히 '특출하게 잘해야 한다'는 생각이 들고 작업물의 질에 대해 조바심을 내게 된다. 아는 작가 중에 도무지 집필을 시작하지 못하는 사람이 있었다. 막상 일을 하려고 노트북을 켜면 잘해야 한다는 어마어마한 부담감이 들었기 때문이다. 이 사람은 자기가 내놓는 매주의 결과물에 불안해했고 상당히 비판적으로 평가했다. 일을 많이 하지 않았기 때문에 결과물만큼은 아주 뛰어나야 한다고 생각했다.

반면 나는 매일 쓰기 때문에 나에게 하루치 정도는 그다지 중요하지 않다. 잘되는 날도 있고 안 되는 날도 있다. 어떤 날은 일을 별로 하지 못한 채 끝나기도 한다. 그래도 괜찮다. 왜냐하면 분명 꾸준히 하고 있으니까. 불안감이 사라진 덕분에 결과적으로 나는 일을 더욱 즐기게 되고, 새로운 실험을 해 보거나 위험을 기꺼이 감수할 수 있다. 괜찮은 결과물이 나오지 않아도 시간은 충분하니까 다른 방법을 시도하면 되는 것이다.

자주 하면, 창의력이 살아난다

"하고 싶어서든 그렇지 않든, 일을 자주 하면 어쩔 수 없이 일에 대한 평가 기준이 낮아질 수밖에 없다"라고 여길지도 모른다. 내 경험에 의하면 진실은 정반대다. 최고의 작품은 생산물을 갈고닦는 과정에서 나오는 경우가 많기 때문이다. 창의성은 끊임없이 아이디어를 휘저을 때 솟아나며, 풍부한 거품을 내는 가장 쉬운 방법은 자기 일에 계속 전념하는 것이다. 규칙적으로 일하면 영감 역시 규칙적으로 번뜩인다.

자주 하면, 자주 하는 습관이 붙는다

일을 자주 하는 습관을 들이면 일에 들이는 시간이 많지 않더라도 앉은 자리에서 뭔가 해내기가 훨씬 수월해진다. 적응하는 데에 시간을 들일 필요가 없기 때문이다. 지인 중에 화가와 결혼한 작가 한 분이 나에게 이렇게 말했다.

"우리 부부에게는 '10분 법칙'이 있어요. 잘되는 날은 앉아서 10분 안에 뭔가 괜찮은 결과물이 나오기도 하죠." 자주 하는 습관이 생기면 이런 자투리 시간을 이용하는 법도 터득할 수 있다.

자주 하면, 생산성이 높아진다

매일 일을 하면 당연히 더 많은 것을 이뤄 낼 가능성이 커진다. 매일 성과를 낸다는 사실 자체만으로 다음 날 작업이 좀 더 수월해지고 즐거워지는 것이다. 자신이 원대한 목표를 향해 한 걸음 한 걸음 꾸준히 나아가고 있다는 느낌만큼 만족스러운 것은 없다. 그래서 매일매일 글을 쓰거나 블로그에 글을 올리는 습관이 큰 도움이 되는 것이다. 당신은 일을 해냄으로써 자신의 능력을 확인할 수 있다. 그러면 발전과 함께 불안감이 사라지고 영감이 솟아난다.

하지만 하루하루 시간은 지나는데 아무것도 완성되지 않으면 불안과 절망감이 엄습한다. 일을 미룸으로써 발생한 불안감 때문에 도리어 일에 매진하지 못하는 것은 직업 생활의 씁쓸한 아이러니다.

자주 하는 것이 현실적인 해결책이다

직장이나 가정의 무거운 책무를 안고서 또 다른 창조적인 프로젝트를 수행해야 할 때 자주 하는 것은 도움이 된다. 프로젝트에 할애할 시간이 없다고 끝없이 좌절하기보다는 매일 스스로 시간을 내라. 매일 조금씩 일을 진행하면서 수개월, 수년을 견디면 어느새 많은 일이 이뤄져 있을 것이다. 물론 '자주 하라'고 해서 반드시 '매일 하라'는 뜻은 아니다. 가장 중요한 점은 지속성이다. 그러나 일하는 간격이 넓어질수록 그로 인해 누릴 수 있는 혜택은 줄어들 것이다.

대개 '심오한 진리'는 그 반대 역시 진리인 경우가 많다. '장기간에 걸쳐 자주 하기'는 많은 이점이 있지만 때로는 극기 훈련처럼 아주 짧은 시간 내에 강도 높게 일을 진행하는 방식도 큰 재미를 줄 수 있다. 유명 만화가인 스콧 맥클라우드Scott McCloud는 저서 《만화의 창작》에서 이른바 '24시간 만화 제작'을 권장한다. "24시간 안에 24페이지짜리 만화책 전체를 그려요. 대본도, 준비도 전혀 없이 말이죠. 일단 시계가 째깍째깍 움직이기 시작했다면 끝낼 때까지 일어나지 않는 겁니다. 창의력이 막힌 사람들에게 효과가 상당히 좋은 충격 요법이죠."

나는 일을 조금씩 해 나가는 걸 좋아하는 편이지만, 때때로 대범하고 야심 찬 조치를 취하는 편이 도움이 되기도 한다. 때때로 적은 양 대신 더 많은 양을 한꺼번에 다루면 즐거운 에너지와 집중력이 샘솟는 게 느껴진다.

나는 자라면서 주워들은 교훈을 모아 '어른의 비밀'이라는 나만의 긴 목록을 만들어 두었다. "시작도 못 해 본 일처럼 지루한 건 없다" "하루하루는 길지만 한 해 한 해는 짧다" "여행 가방에는 반드시 빈 공간을 많이 남겨 둬라" 등이다. 이 중에서 가장 도움이 되었던 비밀은 "내가 매일 하는 일이 가끔 하는 일보다 더 중요하다"였다. 우리는 매일매일, 고유한 상상력을 격조 높은 창작물로 구현해 내고자 하는 목표를 향해 한 걸음씩 나아갈 수 있다.

"

반복적으로 무엇을 하느냐가
우리를 결정한다.
그렇다면 탁월함은 '행위'가 아닌 '습관'이다.

_아리스토텔레스 Aristoteles

"

남이 아니라
나를 위해 먼저 일하라

마크 맥기니스 Mark McGuinness

런던에서 전문 창작자를 위한 상담 코칭을 하고 있으며, 전 세계 고객을 대상으로 창작 전문 기업들의 컨설팅도 담당하고 있다. 저서로 《회복력Resilience》《창조적인 사람을 위한 동기 부여Motivation for Creative People》《21세기 창의력을 위한 21가지 인사이트21 Insights for 21st Century Creatives》 등이 있으며 99U에 칼럼을 쓴다.

↗ www.lateralaction.com

인생에서 뭔가 가치 있는 것을 창조하고 싶다면 세상의 요구와 자신의 야망 사이에 확실하게 선을 그어 둘 필요가 있다. 그렇다. 우리 모두에게는 '지불해야 할 청구서'와 '완수해야 할 의

무'가 있다. 그러나 대부분의 삶에서는 해야 할 일과 하고 싶은 일 사이에 넓은 중간 영역이 존재한다. 자칫하면 이 영역은 이메일과 회의, 다른 사람의 요구로 가득 차 버려 정작 중요한 일을 할 여지가 전혀 남지 않게 된다.

위대한 소설, 모두의 눈길을 끄는 디자인, 판도를 뒤집는 소프트웨어, 혁신적 기업. 이런 업적을 이루기 위해서는 시간과 생각, 기술과 뚝심이 필요하다. 그러나 오늘 하루만 놓고 본다면, 이렇게 장기간의 노력이 필요한 일은 30분 전 고객이나 동료로부터 날아온 네 통의 이메일만큼 다급하게 여겨지지 않는다. 정작 이들의 요구 사항은 몇 시간, 혹은 며칠 후에 처리해도 될 일인데 말이다.

그 누구도, 다른 사람이 내 답변을 초조하게 기다리는 상황을 만들길 원치 않는다. 하루 업무를 시작하려는데 이메일이 넘쳐 나고, 음성 메시지가 줄줄이 대기하고 있으며, 지난번 회의의 후속 절차가 쌓여 있으면 "우선 자잘한 것들을 정리하고 보자"는 유혹이 생긴다. 일을 그때그때 해 놓으면 집중하기가 더 수월해진다고 스스로를 다독이면서 말이다.

이런 일 처리 방식의 문제점은 하루 중 황금 시간을 다른 사람의 우선순위를 처리하면서 보내게 된다는 것이다. 이제 내 일을 해야겠다 싶으면 어느새 오후 3~4시다. 기운은 다 빠지고 두뇌 회전 속도는 느려진 상태다.

"뭐, 내일은 좀 더 나아지겠지." 혼잣말로 위로한다. 그러나 내일이 되면 또 다른 이메일과 전화, 해야 할 일들이 쌓인다. 이런 식으로 살다 보면 하루 대부분의 시간을 쏟아지는 요청에 응하고, 다른 사람들의 질문에 답변하는 대응적 업무에 허비하게 된다. 그리고 진정한 가치를 절대로 창출해 내지 못한다.

창의적 업무 먼저, 대응적 업무는 나중에

업무 습관을 '창의적 업무 먼저, 대응적 업무는 나중에' 방식으로 변화시키는 것이 가장 중요하다. 하루 중 일정 분량의 시간을 전화와 이메일에 신경을 끈 채 자신의 우선순위에 따른 창의적 업무에 할당하라.

예전에 나는 형편없는 작가였다. 그러나 이처럼 작업 방식을 바꾼 후에는 생산적인 작가로 변모했다. 이제는 아침에 가장 먼저 하는 일이 몇 시간 동안 글을 쓰는 것이다. 가능하면 오전에는 약속을 잡지 않는다. 따라서 어떤 돌발 상황이 발생하더라도 나는 이미 가장 중요한 일을 다 마친 상태가 된다. 돌이켜보면 내가 큰 성공을 거둘 수 있었던 이유는 모두 이런 단순한 변화 덕분이다.

그러나 지금도 매일 기고할 칼럼, 블로그 글, 책 원고 등을 쓰기 위해 책상에 앉으면 어김없이 내 답변을 기다리는 사람들의 요구가 줄지어 있다. 나로서도 거기에 관심을 끄기란 쉽지 않고, 특히 "2시간 전에 이메일 보냈잖아요!"라며 따지는 전화를 받으면 여전히 곤혹스럽다.

간단히 말해 이 업무 방식은 다른 사람들의 기대치와 이들이 가하는 압력에 '배짱'으로 버티는 것이다. 단 1시간이라도 세상과의 연결 고리를 끊으려면 의지력이 필요하다. 찝찝하기도 하고 이따금 사람들의 화도 견뎌야 한다. 그러나 이메일에 답장하느라 꿈을 포기하느니 사소한 일로 몇몇 사람을 실망시키는 게 더 낫다. 그렇지 않으면 "다른 이들의 요청을 신속하게 처리해야 프로답다"는 망상 때문에 자신의 잠재력을 갉아먹게 된다.

어떻게 루틴을 형성해야 하는가

물론 "마음을 단단히 먹고 자질구레한 일은 무시하라"는 말은 지당하다. 하지만 매일 반복되는 일상에서 대체 어떻게 실천해야 할까?

자신에게 맞는 리듬을 찾아라: 누구에게나 창의적 집중력을 발휘하기에 특히 좋은 '특정 시간대'가 있다. 우리 몸의 각성 및 정신적 민첩성에 관한 생체 리듬 덕분이다. 하루 중 자신의 에너지가 가장 충만한 때를 관찰해서 그 귀중한 시간을 가장 중요한 창의적 업무에 할애하라. 가능하다면 이 시간에는 약속을 잡지 마라. 또한 반복적인 잡무에 이 시간을 조금이라도 허비해서는 안 된다!

창의적 자극제를 활용하라: 동일한 도구나 상황, 배경 음악 등을 계속 사용함으로써 생기는 연상 작용을 통해 자신이 창의적 영역으로 들어섰다는 점을 인식하게끔 하라. 소설가 스티븐 킹은 어떻게 하고 있는지 그의 사례를 소개해 본다.

> 저는 자리에 앉아 글을 쓸 때면 늘 하는 몇 가지가 있습니다. 우선 물이나 차를 한 잔 마십니다. 자리에 앉는 시간도 따로 정해져 있지요. 매일 아침 8시에서 8시 30분까지 30분간입니다. 비타민을 한 알 먹고 음악을 튼 다음 항상 같은 자리에 앉습니다. 신문 역시 같은 위치에 잘 놓아두죠. 이런 일을 매일매일 같은 방식으로 해 나가는 목적은 제 마음에 대고 '자 이제 곧 꿈을 꿀 시간이야'라고 말해 주려는 겁니다.[1]

'할 일 목록'의 증가에 주의하라: 하루의 '할 일 목록'에 제한을 두어라. 가로세로 7~8센티미터짜리 포스트잇이면 족하다. 할 일 목록을 이 정도 크기의 종이에 다 적지 못한다면, 하루 동안 어떻게 그 모든 일을 해낼 것인가? 목록에 계획을 계속 추가하다 보면 일은 결코 끝나지 않고, 일할 의욕은 곤두박질친다. 대부분의 일은 내일 해도 된다. 그러니 그냥 두어라.

약속을 기록해 둬라: 모든 약속(자신과의 약속이든 남과의 약속이든)을 잊어버릴 수 없는 곳에 습관적으로 기록하라. 이렇게 하면 어떤 요청에도 효율적으로 대응할 수 있고, 더 믿을 만한 사람이 될 수 있다. 더욱 중요한 점은 마음의 평화가 찾아온다는 것이다. 모든 약속이 기록되어 있다는 확신이 들면 당면한 과제에 집중할 수 있다.

일상의 틀을 단단하게 짜라: 혼자 일하는 경우라 해도 하루 일과의 시작 시간과 종료 시간을 정하라. 창의적 업무, 회의, 소통, 관리 업무 등 작업 성격이 다르면 시간대도 다르게 할당하라. 이렇게 철저하게 시간 틀을 짜 두면 필요 이상으로 작업 시간이 길어져 다른 중요한 일에 피해를 주는 것을 막을 수 있다. 일중독에서 탈피하는 데도 도움이 된다. 일중독은 겉보기보다 훨씬 더 비생산적이다.

사람마다 효율적인 일상의 모습은 각기 다르다. 자기 능력과 성향에 따른 맞춤식이어야 루틴의 효과가 배가된다. 따라서 위에서 소개한 탄탄한 루틴 형성법을 직접 실험해 보고 어떤 조합이 최고의 성과를 내는 데 가장 좋은지 살펴라. 매일의 스케줄이 단조로운 일상이 아닌 창의적인 의식처럼 느껴지기 시작한다면 효과적인 조합이라고 할 수 있을 것이다.

1장 인생의 뿌리를 탄탄하게 만드는 루틴의 힘

"

나는 분위기가 조성되기를 기다리지 않는다.
그걸 기다리다가는 아무것도 이루지 못할 테니까.
지금이 시작할 때임을 마음이 알아야 한다.

_펄 S. 벽Pearl S. Buck

"

지금, 여기,
내가 일하는 이유

세스 고딘 Seth Godin

《보랏빛 소가 온다》《이카루스 이야기》《마케팅이다》 등 지금까지 낸 14권의
저서가 모두 베스트셀러가 됐으며 총 30개 이상의 언어로 번역되었다. 산업화
이후의 혁명, 아이디어 전파, 마케팅, 리더십, 그리고 모든 변화를 주제로 글을
쓴다.

↗ www.sethgodin.com

세스 고딘은 '일을 완성하는 법'에 대해서라면 뭘 좀 아는 사람
이다. 기업가이자 작가, 교육가로서 끊임없이 혁신의 최전선에
몸담았고, 그 와중에 수많은 베스트셀러는 물론, 다양한 주제

를 출판하는 '도미노 프로젝트'와 흥미로운 주제를 다루는 커뮤니티 플랫폼 '스퀴두Squidoo'와 최초의 'MBA 대안 교육 프로그램' 같은 획기적인 벤처 사업들을 포함해, 믿을 수 없을 정도로 뛰어난 성취를 이뤄내 왔다. 우리는 위대한 성취를 이뤄내는 데 매일의 습관이 얼마나 중요한 선결 조건인지에 대해 세스 고딘과 이야기를 나눴다.

Q. 일상의 루틴을 바로잡는 데 가장 어려운 부분은 무엇입니까?

창작 작업을 하는 사람들은 누구나 일을 끝마치기 위해 내면의 악마를 다루는 저마다의 방법이 있지요. 반 고흐처럼 이젤을 세운다고 그림을 더 잘 그리게 된다는 보장은 없습니다. 각 개인마다 고유한 자기만의 세부 전술이 있는 겁니다. 하지만 전략은 보편적입니다. 전략의 실패로 인해 자신의 재능을 원하는 대로 펼치지 못하고 결국 성공하지 못하는 사람이 굉장히 많습니다.

이 전략은 단순합니다. 실천이 곧 전략이지요. 실천이란 습관적 방식으로 규칙적이고 확실하게 일하는 것입니다. 실천 습관을 들이는 중이라고 스스로에게 각인시키는 방법은 많습니다. 예를 들면 실험용 흰색 가운을 입거나, 특별한 안경을 쓰거나, 특정 장소에서 작업을 하는 방법이 있죠. 이렇게 습관을 통해 자신의 기술을 전문화하는 겁니다.

여기에서, 지금, 이렇게, 심지어 하고 싶지 않을 때도 시작한다는 것, 특히나 일하고 싶지 않을 때도 일한다는 생각은 대단히 중요합니다. 일하고 싶을 때 창의적이 되는 사람은 넘치고 넘치지만, 하기 싫을 때도 일을 해낼 수 있어야 전문가 대열에 합류할 수 있죠. 하고 싶지 않다는 감정에 휘둘리지 말아야 하는 이유는, 지금 하고 있는 게 취미가 아닌 일이기 때문입니다.

Q. 일상적 루틴의 확립 외에 사람들이 힘들어하는 점은 뭐가 있을까요?

가장 큰일은 역시 실천입니다. 그다음은 바로, 창의성이란 '자신의 아이디어를 다른 사람에게 팔아야 하는 일'이라는 세일즈 측면을 이해하는 것입니다. 제 생각에는 이게 정말 결정적인 부분이지요. 전문가들은 "음, 이젠 내 아이디어를 팔아야겠군"이라고 굳이 마음먹지 않습니다. 그들은 이미 아이디어의 판매가 창작의 일부라는 점을 알고 있으니까요. 아이디어를 남들에게 알리고 납득시키지 못하면 일은 절대 진전되지 않습니다. 다른 쪽 일, 즉 아이디어를 알리는 데는 소홀하면서 일이 잘되기를 바라는 건 어불성설이죠.

Q. 아이디어를 알리고 납득시키는 세일즈 능력을 후천적으로 개발한 사람 중 특별히 떠오르는 이가 있습니까?

이제까지 아이디어 세일즈 능력을 타고난 사람은 만나 본 적이 없습니다. 제 생각에, 이 능력을 터득한 사람들은 모두 타고난 것이 아니라 이 능력이 자신에게 중요하다는 걸 깨달았기 때문입니다. 반면 자칭 예술적 재능을 가지고 태어났으면서도 그 분야에서 최고가 되기 위해 자신을 몰아붙여 본 적 없는 사람은 수없이 많이 봤습니다. 자기는 예술로 충분히 밥벌이를 할 수 있다고 생각하면서 모두가 어렵게 생각하는 아이디어 세일즈는 하지 않으려는 거죠.

Q. 우리는 단기적으로 열심히 일하지만 이를 발전시켜 큰 목표를 달성하는 데에는 실패하는 경우가 많습니다. 당신은 단기간의 작업 성과를 장기 목표와 어떻게 조율하나요?

단기적인 실천 습관 역량을 가진 사람들이 장기적으로 실천하는 데 어려움을 겪는 이유는, 십중팔구 두려움 때문입니다. 두려움의 저항력은 상당히 은밀하게 작용하죠. 겉으로 봐서는 흔적이 뚜렷하게 남지 않습니다. 그러나 영화계에 파란을 일으킬 단편 영화는 만들 수 있어도 장편 영화 제작에 필요한 자금을 조성하지 못하는 사람, 여기저기서 규모가 작은 프리랜서 일은 하지만 그 일을 제대로 된 직업으로 전환할 줄은 모르는 사람, 이런 사람들은 일종의 자기 파괴 행위를 하는 셈입니다.

이처럼 이들이 스스로를 망가뜨리는 이유는, 세상에 나온다는 것은 곧 자신이 하는 일을 속속들이 아는 사람들이 있는 곳으로 나서는 것이기 때문이죠. 세상에 나왔을 때 사기꾼으로 비춰질까 봐 두려운 것이죠. 이사회나 회의장에서, 또는 그저 동료 앞에 서서 "저는 이 일에 대해 잘 압니다. 자, 제 작업을 보시죠. 1년 만에 해낸 일입니다. 멋지지 않나요?"라고 말하는 건 그들에게 정말 어려운 일입니다.

그 이유는 두 가지인데요. 첫째, 비판에 자신을 내놓는 일이기 때문입니다. 둘째, 자신의 일을 속속들이 아는 사람들의 세상으로 나온다는 건, 앞으로 평생 자신의 일에 능통한 전문가가 되겠다고 선언하는 것이나 다름없기 때문입니다.

그러니 이보다는 고객과 시스템, 경제 상황을 탓하고 핑계를 대고 징징대면서 스스로의 앞길을 막는 편이 훨씬 쉽습니다. 그렇게 "나는 아직 부족해. 완벽하지 않아. 더 잘할 수 있었는데……"라는 마음속 목소리로부터 도피하고 마는 거죠.

"

세상일은 시험 삼아 한번 해 볼 수 있는 게 아니다.
단지 실천해야 할 뿐.

_레이 브래드버리Ray bradbury

"

당신의 일상에도
'새로고침'이 필요하다

토니 슈워츠 Tony Schwartz

기업 성과 관리 컨설팅 회사인 '에너지 프로젝트'의 회장 겸 CEO. 저서 《무엇에든 탁월하라Be Excellent at Anything》와 《몸과 영혼의 에너지 발전소》는 모두 《뉴욕타임스》 베스트셀러에 올랐다.

🔗 www.theenergyproject.com

제크는 대형 기획사에서 일하는 광고 제작 감독이다. 그를 처음 만났을 때 내게 들려준 그의 일상은, 내가 평소에 만나는 관리자나 리더의 전형적인 일상과 크게 다르지 않았다.

제크의 알람은 매일 새벽 5시 30분에 울린다. 보통 6시간 ~6시간 30분 정도를 자지만 전혀 개운치 않다. 일어나서 가장 먼저 하는 일은 침대 옆 테이블에 놓아두었던 아이폰을 들고 이메일을 확인하는 것이다. 밤새 시급한 일이 생기지 않았나 하는 노파심 때문이란다. 그러나 실상은 휴대폰을 들여다보고 싶은 유혹을 떨치지 못하기 때문이다. 제크는 일주일에 최소 두 번은 헬스장에 가려고 하지만 출장이 잦고 집에 있을 때는 피곤해서 몸이 말을 듣지 않을 때가 많다.

오전 7시 30분경 회사에 도착한 제크는 커피 한 잔을 마시고 책상 앞에 앉아 다시 이메일을 확인한다. 이쯤이면 평균적으로 25개 이상의 새 메일이 들어와 있다. 이른 아침 회의가 잡혀 있지 않으면 보통 1시간 이상 꼼짝하지 않고 온라인에 접속해 있기도 한다.

제크의 하루는 대부분 회의로 가득하다. 중간에 한숨 돌릴 틈도 없이 연달아 잡혀 있다. 그러니 바로 직전 회의에서 들은 내용을 제대로 소화하지 못한 채 다음 회의로 부리나케 달려가기 일쑤다.

점심은 그야말로 쑤셔 넣는 수준이다. 보통 간이식당에서 음식을 사 와 책상에 앉아 먹으면서 일한다. 오후 2~3시쯤 되면 전날 밤에 몇 시간이나 잤는지에 따라 제크의 몸이 가라앉기 시작한다. 그의 회사 분위기상 잠깐이라도 낮잠을 자는 건 생각할 수도 없다. 대신 빨리 기운을 되찾기 위해 누군가 먹다

남긴 생일 케이크 한 조각을 몰래 먹거나 스니커즈 초코바를 사러 자판기로 뛰어간다.

그는 급하게 처리해야 하는 사항이 너무 많기 때문에 집중해야 하는 어려운 과제를 뒤로 미루곤 한다. 그러나 하루가 끝날 때쯤이면 그 일을 처리할 에너지가 거의 남아 있지 않게 된다. 기운이 남아 있다고 해도 끝내지 못한 일이 너무 많아 다른 일을 할 여유를 찾기 어렵다. 드디어 어려운 과제를 하려고 들면 대개 저녁 7시 30분이나 8시경이고, 에너지가 전부 바닥난 상태다.

제크는 저녁을 먹은 후 오전에 미뤄 둔 일을 처리해 보려고 하지만 대개는 그저 다시 이메일을 확인하거나 온라인 게임을 하며 하루를 마친다. 어쨌거나 대체적으로 그는 필요 이상으로 늦게 잠자리에 든다.

제크의 사례는 여러분의 경험과 얼마나 비슷한가? 공감 가는 부분이 있다면, 어쩌다가 이렇게 됐을까? 무엇보다 앞으로 10년, 20년 동안 지금 이대로 계속한다면 어떻게 될까?

우리의 역량은 한정돼 있다

문제는 우리가 살면서 처리해야 할 요구 사항이 우리 역량을 초과하여 끊임없이 쏟아진다는 것이다. 역량을, 자기 기술과 재능을 완벽히 발휘할 수 있도록 하는 일종의 연료라고 생각해보자. 우리 대부분은 그동안 역량이 충분했기 때문에 이런 문제를 대수롭지 않게 여긴다. 그러나 이제 세상이 달라졌다. 갈수록 디지털 기술이 발전하고 복잡성이 심해짐에 따라 우리를 향해 더 많은 정보와 요구 사항이 더 빠르고 무자비하게 몰려오고 있다.

인간은 컴퓨터와 달리 오랜 시간 끊임없이 빠른 속도로 작동할 수 없다. 오히려 우리 인간은 에너지를 소비하고 회복하면서 리드미컬하게 움직이도록 되어 있다. 우리 두뇌는 고주파와 저주파 운동을 번갈아 한다. 심장 박동 수도 일정하지 않다. 우리 폐 역시 필요에 따라 팽창하고 수축한다. 숨을 잘 들이마시는 것이 다가 아니다. 사실 숨을 더 깊이 내쉬면 내쉴수록 더 차분해지고 자신감이 생긴다.

그런데 우리는 일직선으로 내달리면서 하루 종일 에너지 비축분을 태워 없애기만 한다. 저축은 하지 않으면서 은행 계좌에서 계속 돈을 빼 쓰는 것과 같다. 일정 시점이 되면 우리는 결국 파산하고 만다.

다행인 건 우리가 에너지를 관리하는 방식에 변화를 줄 수 있다는 점이다. 능숙하게 에너지를 관리하면 좀 더 지속적으로, 한층 수준 높게, 그것도 좀 더 짧은 시간에 많은 일을 해낼 수 있다.

그 방법을 두 가지 중요한 과학 연구 결과에서 찾을 수 있다. 첫째는 '수면이 음식 섭취보다 중요하다'는 것이다. 우리는 일주일 동안 아무것도 먹지 않아도 버틸 수 있다. 다만 몸무게를 좀 잃게 될 뿐이다. 하지만 단 이틀이라도 잠을 안 자면? 완전히 망가진다. 이런데도 우리는 1시간의 수면을 너무 쉽게 포기한다. 그 1시간만큼 생산성이 더 올라갈 거라는 잘못된 믿음 때문이다. 실상은 수면이 아주 조금만 부족해도, 우리의 인지 능력은 상당한 피해를 입는다. 매우 짧은 수면을 취하고도 제대로 일을 해낼 수 있다는 일부의 얘기는 보통 미신에 불과하다. 인구 40명당 한 사람, 전체 인구의 2.5퍼센트 미만의 사람만 하루 7~8시간의 수면을 취하고도 충분하다고 느낀다.

두 번째 중요한 연구 결과는 '우리 신체는 주기적 리듬을 따른다'는 것이다. 즉 우리 몸은 90분 주기로, 일을 처리할 수 있는 최고 수준의 역량 한계점에 도달한다. 커피나 설탕에 의존하거나 스트레스 호르몬을 자극해서 90분 이상 자신을 밀어붙일 수는 있지만, 그러면 생리적으로 필요한 휴식과 회복의 시간을 무시하는 셈이다. 결국 그렇게 한계점까지 자신을 밀어붙이면 대가를 치러야 한다.

당신의 루틴에는 회복이 필요하다

평소의 작업 습관과 신체의 자연스러운 리듬을 밀접하게 연관시키는 것, 즉 처리할 요구 사항이 많아지는 세상에서 일의 효율성과 지속성 모두를 위해 '회복'을 중요한 요소로 받아들이면 어떨까?

제크의 경우, 변화를 꾀한 첫 번째 요소는 수면 루틴이었다. 그는 수년 동안 때때로 자정이 넘어서야 잠자리에 들었다. 돌이켜 보면 그렇게 늦게까지 깨어 있어야 할 마땅한 이유는 전혀 없었다. 새벽 5시 30분 기상도 마찬가지였다. 그렇게 일찍하루를 시작할 필요가 없었다. 단지 항상 해 오던 습관일 뿐이었다.

대신 그는 밤 11시에 모든 일을 마무리하고 아무리 늦어도 11시 30분에는 불을 껐다. 기상 시간도 6시 30분으로 1시간 늦춰서 하루에 적어도 7시간의 수면 시간을 확보했다. 예전처럼 집에서 정신없이 뛰쳐나가는 대신, 그는 이제 아내와 두 딸과 함께 아침 식사를 한다. 잠도 충분히 잤고 가족과도 시간을 보냈으니 집을 나설 때 훨씬 기분이 좋다.

제크는 오전에 5~10분 정도 휴식 시간을 가지며 대개 동료와 업무 외의 잡담을 나눴다. 일주일이 채 지나지 않아, 오전 내내 에너지가 좀 더 지속적으로 유지되고 집중력이 좋아지는 것을 느꼈다. 반응적으로 일을 처리하던 경향도 줄었다. 그는 힘든 회의를 끝내고 나면 회의 때 자신의 기분을 상하게 했던 상대에게 이메일을 퍼붓곤 했는데 그 내용은 십중팔구 부정적이어서 결국 역효과를 불러오곤 했었다. 하지만 이제는 휴식을 가지면서 그런 충동을 억누를 수 있게 되었다.

이 외에도 제크는 점심시간에 30분 정도 밖에서 산책할 시간을 가진다. 유혹을 피하기 위해 스마트폰은 책상에 두고 나간다. 그는 걸으면서 재충전할 기회도 얻지만, 무엇보다 오전에 있었던 회의와 머릿속을 채운 다른 사안들에 대해 곰곰이 생각해 보는 귀중한 시간을 가질 수 있다.

처음에는 일도 늦게 시작하고 점심시간이면 산책하는 데 시간을 할애하기 때문에 성과가 줄지 않을까 걱정했다. 그러나 반대로 산책을 마치고 돌아온 그는 좀 더 효율적으로 일할 수 있었고, 하루 동안 좀 더 많은 일을 해낼 수 있었다.

시간이 지나면서 제크는 어떤 일을 먼저 착수해야 하는지에 대해 예전보다 더 올바른 판단을 내리게 되었다. 이전의 그는 이미 지친 상태로 일터에 도착한 뒤 본능적으로 단순한 일을 처리하는 데 에너지를 쏟았다. 그러면 많은 에너지를 소모하지 않아도 마음이 뿌듯해졌다. 나중에 알게 되었지만 이것은 당분을 과하게 섭취해 흥분 상태가 되는 '슈거 하이'와 동일한 현상

1장 인생의 뿌리를 탄탄하게 만드는 루틴의 힘

이었다. 단순한 일을 여러 개 처리하고 나면 만족스러워졌지만 그 기쁨은 오래가지 않았다.

이제 제크는 하루를 시작할 때 가장 중요한 일을 제일 먼저 처리한다. 그는 장기적으로 가치가 높아질 가능성이 가장 크다고 여기는 과제에 60~90분 동안 집중한다. "이런 건 제가 리더로서 해야 했던 일입니다"라고 그는 덧붙인다. "하지만 이전에는 생각도 하지 못했죠."

제크가 모든 방법을 제대로 깨우치고 터득한 건 아니다. 예를 들어 출장이나 여행을 갔을 때는 집에서 평소 실천했던 의례적 습관을 포기하기도 한다. 그러면 원래의 루틴을 회복하느라 상당히 고생한다. 그러나 제크는 이제 확실히 깨달았다. 하루 중 회복 시간을 확보할 때, 즉 올바른 생활 리듬을 확립할 때 인생의 모든 일이 더 잘 풀린다는 사실을 말이다.

"

당신을 무너뜨리는 건 들고 가는 짐이 아니다.
짐을 들고 가는 방법이 문제다.

_레나 혼Lena Horne

"

고독할 권리를 놓치지 마라

리오 바바우타 Leo Babauta

리오 바바우타는 '단순한 생활'을 주제로 활동하는 블로거이자 작가다. 미니
멀리즘 블로그 'Zen Habits'와 'mnmlist.com'을 운영하고 있으며, 《단순함이
너의 모든 것을 바꾼다》《파워 오브 레스》《손쉽게 인생 살기》 등의 베스트셀
러를 집필했다.

⤷ www.zenhabits.net

1845년 헨리 데이비드 소로는 고독을 찾기 위해 월든 호수 근
처 숲으로 향했다. 자신의 생각을 정리하고 글을 쓰기 위해서
였다. 그는 19세기 도시 생활의 모든 사건과 소음으로부터 벗
어나고 싶었다.

그는 이렇게 적었다. "내가 숲으로 들어간 이유는 내 자신의 의지대로 삶을 살아 보기 위해서였다. 즉 오직 삶의 알짜배기들만을 바라보며 삶이 나에게 가르쳐 준 것들을 깨달을 수 있는지 알고자 했다. 그리하여 죽음을 맞이했을 때 삶을 헛되이 살지 않았다고 느끼고 싶었다." 말하자면 소로는 '숲의 고독이 삶에 관해 전해 주는 교훈'을 배우기 위해 숲으로 갔다.

요즘 같은 세상에 고독을 찾는 것은 꼭 필요한 일이다. 고독이 주는 교훈을 배울 수 있고, 오롯이 집중하고 창조할 수 있는 공간을 찾을 수 있으며, 고요 속에서 내면의 목소리에 귀 기울일 수 있기 때문이다.

하루에 20분~1시간만이라도 고독을 위한 시간을 비워 두면 어마어마한 변화가 찾아온다. 이 시간, 고요한 평온 속에서 우리 마음은 나무 위의 원숭이처럼 활기가 넘치게 된다. 마음에 고요가 찾아오면 무엇이 진짜 중요한지 파악할 수 있고, 매일의 업무와 인터넷 생활의 불협화음 속에서 잃어버렸던 자신만의 창조적 목소리에 다시 귀 기울일 수 있다.

나만의 공간 확보하기의 중요성

지금 당장 고독을 위한 첫 시간대를 설정해서 일상적인 루틴으로 만들어라. 고독을 느낄 수 있는 최고의 시간은 이른 아침이다. 아이들은 자고 있고 모든 것이 고요하다. 나는 이 시간에 최고의 성과를 내곤 하는데, 가장 좋은 점은 이렇게 이른 시간에는 정해 놓은 계획을 방해할 요소가 전혀 없다는 것이다. 이른 아침이 여의치 않다면 사무실에 도착하자마자 고독의 시간을 가져 보라. 회사에서 일할 때 나는 30분~1시간 먼저 도착해서 사무실이 분주해지기 전에 조용히 해야 할 일을 해 놓곤 한다. 다시 한 번 말하지만 하루 첫머리에 고독 시간을 갖는 것이 가장 좋다. 시간이 지날수록 업무가 바빠져서 고독의 방이 무너지기 때문이다.

끊임없이 나타나는 방해물과 요청 때문에 집이나 사무실에서 고독 시간을 마련할 수 없는 사람도 많다. 이런 경우에는 사무실을 벗어나 커피숍이나 도서관, 공원 등 가능한 한 조용하게 있을 수 있는 장소를 찾는 것이 좋다. 게다가 무선 인터넷이 연결되지 않으면 이상적이다. 올빼미족들에게 좋은 방법은 밤 시간대에 딴짓할 수 없는 공간을 마련해 고독을 찾는 것이다. 밤에 일이 잘되는 성향이라면 해가 진 후 혼자 일하는 시간대를 계획해 고독 시간을 마련해 보자.

아주 간단하게 고독을 실천할 수 있다

대부분의 사람은 고독을 불편하게 여긴다. 고독은 아무런 개입

없이 홀로 자신과 대면하는 것을 의미하기 때문이다. 그러나 연습을 통해 고독의 두려움을 줄일 수 있으며, 규칙적으로 고독 시간을 갖게 되면 자신과의 대면을 좀 더 편안히 받아들이게 된다.

고독을 연습하는 놀라운 방법 한 가지는 하루에 한 번 소박한 명상의 시간을 갖는 것이다. 명상은 구태여 신비스럽거나 복잡할 필요가 없다. 기본적으로 가만히 앉아서 적어도 몇 분간 아무것도 하지 않으면 된다. 명상을 일상의 루틴으로 만들 수 있는 가장 좋은 시간대는 아침에 눈을 뜬 직후다. 일어나서 물을 마신 다음 하루 일과를 시작하기 전에 앉아서 5~10분, 길게는 20분까지 명상하라.

명상은 어떻게 하는가? 우선 조용한 장소를 찾아 앉는다. 몸을 바로 하고, 눈은 뜨고 있지만 특별히 어떤 것에 초점을 맞추지 말고, 코로 호흡한다. 명상 초기에는 자기 자세와 몸을 의식하고, 호흡에 집중해 들숨과 날숨을 관찰한다. 머릿속에 생각이 떠오르는 것을 의식하고 그 사실을 감지하되, 떠오른 생각에 얽매이지 않는다. 항상 신경을 호흡으로 되돌려 집중한다. 이 순서대로 최소 5분 이상 지속한다.

그냥 앉아 있는 게 무슨 의미가 있냐고? 다른 의미는 없다. 앉아 있는 것 자체가 의미다. 스트레스를 줄이기 위해, 즐거움을 얻기 위해, 또는 자기 자신에 대해 더 알아내기 위해 앉아 있는 게 아니다. 물론 그런 효과도 얻을 수 있지만 그저 앉아 있는 연습을 할 뿐이다. 명상하면서 혼자 있는 연습을, 하고 있는 일에만 집중하는 연습을 하는 것이다. 이 점이 가장 중요하다. 명상은 처음에는 불편하지만 갈수록 익숙해진다. 자기 자신에 대해 많이 알게 되고 스스로에게 집중하게 되면서 고독이 편해질 것이다.

또한 떠오르는 생각을 주시하면서도 그 생각에 휘둘리지 않는 법을 터득하게 된다. 이런 과정을 통해 집중에 필요한 핵심 기술을 터득한다. 즉 다른 일을 하고 싶은 충동을 감지해도 그 충동에 따라 움직이지 않고, 신경을 현재 하고 있는 일로 돌려 집중하는 것이다. 이것이 고독을 통해서 배우게 되는 것으로, 사실 이게 삶의 전부일 수도 있다.

"인생의 뿌리를 탄탄하게 만드는 루틴의 힘" 사용법

잡무보다 가장 중요한 일을 먼저 하라

하루를 시작할 때 가장 중요한 창의적인 일을 먼저 하고 이메일 등에 답하는 '대응적 업무'는 나중으로 미뤄라.

창의성에 시동을 걸어라

똑같은 음악을 듣는다거나 책상을 특정 방식으로 정돈하는 등 지금이 일에 착수할 시간임을 상기시키는 '자극 루틴'을 정하라.

꾸준히 자주 하라

꾸준히, 이상적으로는 매일, 프로젝트에 매진해서 나날이 창의력의 근육과 동기를 단련하라.

일과 휴식의 리듬을 찾아라

90분 동안 집중적으로 일한 다음 휴식을 취하는 패턴을 반복해서 에너지 소모와 회복을 리드미컬하게 만들어라.

고독을 즐겨라

매일 일정 시간 혼자 보내는 시간을 가져라. 비생산적인 습관과 사고 과정을 점검하고 마음의 평정을 찾는 좋은 방법이다.

분위기를 기다리지 마라

하고 싶든, 하고 싶지 않든, 무조건 '등장'하라.

2장

정말 중요한 일에
집중하게 해 주는 루틴의 힘

핵심적인 결과를 내기 위해 집중력을 갈고닦는 방법

1971년, 저명한 사회 과학자 허버트 사이먼은 이렇게 말했다. "정보가 소비하는 대상은 꽤나 뻔하다. 정보는 정보를 수용하는 사람의 집중력을 갉아먹는다. 따라서 정보의 홍수는 집중력 고갈을 초래한다."

선견지명에 가까운 사이먼의 발언 이후 수십 년이 지난 지금, 우리가 매일 직면하는 정보의 양은 기하급수적으로 늘어났다. 칸막이를 없앤 사무실 덕에 다른 사람들의 부산스러운 활동이 내 자리에까지 영향을 미친다. 인터넷은 생계가 달린 일터에 컴퓨터라는 끝없는 딴짓의 주범을 불러들였다. 게다가 스마트폰은 우리로 하여금 언제 어디서든 새로운 정보의 유혹에 굴복하게 만든다.

끊임없이 몰려드는 정보 속에서 집중력은 우리의 가장 귀중한 자산이다. 집중력이라는 자산을 현명하게 사용하기 위해서는 유혹이 우리 뇌에서 어떤 작용을 하는지 잘 이해해야 하고, 자제력을 키우는 전략을 새롭게 개발해야 하며, 창의적이고 위대한 일에 전념할 시간을 만들어 나가야 한다. 딴짓할 거리가 가득한 세상에서 집중력은 경쟁의 우위를 점할 수 있는 바탕이 된다. 하루하루를 도전할 과제이자 기회로 여기고, 늘 성과에 집중하라.

창의적인 스케줄에서
성과가 시작된다

칼 뉴포트 Cal Newport

저술가이자 조지타운대학교 교수. 대표작 《열정의 배신》에서 그는 "열정에 따
르라"는 말은 좋은 조언이 아니라고 주장한다. 그와 그의 다른 저서 《딥워크》
《디지털 미니멀리즘》 등에 관해 더 자세히 알고 싶다면 그의 블로그 '스터디
핵스'를 참조하라.

☐ calnewport.com/blog

어제부터 지금까지 내가 받은 68통의 이메일 중 대부분은 답장
을 보내려면 시간을 잡아먹는 것들이다. 이 중에서 대학교수로
서 나의 중추적인 책임인 '새롭고 중대한 아이디어 발표'와 직
접적으로 관련돼 있는 것은 단 4통에 불과하다.

'받은 것'과 '중요한 것' 사이의 이 커다란 불일치는 놀라울 따름이다. 게다가 이런 경험이 나 혼자에게만 국한된 것도 아니다. 창의적 정신은 점점 더 양 갈래로 찢겨 나가고 있다. 우리는 부단한 집중력을 요하는 창의적 목표 달성이라는 고된 과제에 지적 역량을 쏟아부어야 한다. 이와 동시에 끊임없이 이메일과 메신저에 응하고 회의에 참가하는 등 주의력을 분산시키는 의무에도 시달려야 한다. 자신의 커리어를 쌓기 위해 주의력을 흩뜨리는 대상에 저항하면서도 또한 그 주의력 분산을 받아들여야만 하니, 참으로 괴로운 역설이 아닐 수 없다.

나는 이런 현상의 상당 부분이 지식 산업 분야에 명확한 척도가 부족해서 발생한다고 생각한다. 예를 들어 컴퓨터 프로그래머가 상사 관리자로부터 '긴급한' 이메일 세례를 받고 있다고 가정해 보자. 프로그래머가 상사의 이메일을 계속 주시해야 한다면 틀림없이 생성하는 코드의 양과 질이 저하될 테고, 결과적으로 회사가 창출하는 가치도 하락할 것이다. 그러나 이런 가치 하락은 정확하게 측정하기가 애매모호하다. 따라서 관리자가 프로그래머의 주의 산만을 초래하는 이메일을 보냈다고 문책을 당할 가능성은 없다. 그 피해를 입증할 명확한 증거가 없기 때문이다.

부하 직원에게 한 치의 망설임도 없이 이메일을 난사하듯,

사람들은 비즈니스 환경에서 삶을 편리하게 해 주는 그 무엇에라도 의존하려고 한다. 이런 행위는 조직에서 특정 행위를 금지할 때까지 계속된다. 그러나 그 행위가 조직에 얼마나 많은 피해를 입히는지 명확한 증거도 없이 조직의 상층부가 금지 조치를 취하기란 쉽지 않다. 이렇게 명확한 척도가 없기 때문에 우리는 생산성 하락이라는 늪에 빠져 버렸다. 이 늪은 새로운 행정 절차를 채택할 때 장기적인 가치보다는 단기적인 편리함을 우선시하는 곳이다.

우리는 무엇에 소비당하고 있는가

2009년, 문학 평론가 존 프리먼John Freeman은 《이메일의 횡포 The Tyranny of E-mail》라는 도발적인 책을 통해 이메일이라는 커뮤니케이션 기술이 제공해 온 이익보다 그 폐해가 더 크다고 말했다. 《뉴욕타임스》가 프리먼의 책에 대해 실은 서평은 그의 비판에 대한 통상적인 반감을 그대로 드러냈다.

"프리먼의 기준으로 본다면 단체 메일을 보냈다는 사실만으로도 나쁜 사람이 되어 버린다." 이 서평의 작성자는 이어서 자신이 보냈던 특정 이메일을 언급했다. "대체 뭐가 문제란 말인가? 나는 이렇게 질문을 했을 뿐이고, 덕분에 유용한 답변을 많이 받을 수 있었는데!"[2]

이 서평가는 자신이 최근 이메일을 보냈는데 유용한 답변을 받았으니, 단체 메일이 지나치게 우리 시간을 많이 잡아먹고 있다는 프리먼의 의견은 틀렸다고 반박한 셈이다. 편리성 중독의 본질이 바로 이것이다. 이 행위로 인해 허비되는 비용에 대한 명확한 기준이 없기 때문에 득실을 따지기 어렵다. 따라서 계속 사용해도 될 만큼 충분한 혜택을 보고 있다는 증거만 남는다. 기업 가치 창출에 투입될 수 있었던 수천 명의 소중한 집중 업무 시간이 단체 메일로 인해 공중으로 사라져 버렸을지도 모르지만, 그런 이메일이 직원들의 삶을 편하게 해 줄 때도 있기 때문에 이 기술이 계속 사용되어야 한다는 주장만이 힘을 얻는 것이다.

우리가 어쩌다 지금과 같은 모순적인 상황에 놓이게 되었는지 보다 잘 이해하게 됐으니 이제 해결책을 모색해 볼 차례다. 장기적으로 우리가 바라는 건 행정 절차가 개혁되어 중요한 일을 할 수 있는 능력을 극대화시키는 것이다. 그러나 이런 대대적인 변화가 언젠가 일어날 거라고 마냥 기대만 하고 있을 수는 없다. 스스로의 습관은 결국 자기 자신이 관리해야 한다. 동료에게 폐를 끼치지 않도록 자기 일을 감당하면서, 한눈팔지 않고 가치 있는 문제에 집중하는 능력을 유지하는 습관 말이다.

이 문제에 대해 나는 오랫동안 연구했고 책도 집필했다. 이를 통해 빡빡한 일과 중에도 일에 집중하는 습관을 유지하는 다양한 사례를 목격할 수 있었다. 이 여러 가지 전략 중에서도 유달리 효과적인 방법이 하나 있었다. 일명 '집중 시간대 방식'인데, 이 방법은 아이러니하게도 집중력을 분산시키는 직장 문화 속에서 진정한 효력을 발휘한다.

집중하는 시간을 어떻게 활용할 것인가

집중 시간대 방식은 '사전 업무 계획'이라는 익히 알려진 개념을 바탕에 둔다. 당신이 가장 중요한 창의적 업무에 지속적으로 집중할 수 있도록 상당 분량의 시간을 확보해 두는 것이다. 이런 사전 업무 계획을 우리는 보통 한 주를 시작하는 날 또는 전주의 마지막 날에 세우곤 한다. 이때 핵심은 집중 시간대를 회의 등의 다른 일정과 함께 자신의 일정표에 미리 기록해 두는 것이다. 조직에서 공유 일정표를 사용한다면 이런 사전 기록 절차는 특히 중요하다.

이렇게 해 두면, 누군가가 이 집중 시간대에 당신의 주의력을 분산시킬 다른 일정을 끼워 넣으려 해도 당신은 달력에 명확하게 표시해 놓은 계획을 그대로 밀어붙일 수 있다. "미안합니다만 그날 9시에서 12시까지는 이미 계획해 둔 일이 있어요." 마찬가지로 누군가가 이메일 답변이 늦었다거나 전화를 받지 않았다고 타박할 때 사회적으로 용인되는 변명을 할 수 있다. "오늘 오전 내내 미리 계획했던 일을 처리해야 했습니다. 지금 당신의 요청을 보고 막 답하려던 참이었어요." 사람들은 상대가 특정 시간대에 미리 계획한 일이 있을 경우, 그 시간 동안에는 뭔가를 요구할 수 없음을 잘 알고 있다. 집중 시간대 방식은 사람들의 이런 인식을 이용하여 지나친 사과나 해명 없이도 방해받지 않고 집중할 수 있는 시간을 벌어 준다.

하지만 방해받지 않는 집중 시간대를 정해 놓는 것은 당신이 치러야 할 전쟁의 겨우 절반에 불과하다. 나머지 반은 딴짓의 유혹을 견디는 것에 달렸다. 즉 그 시간대에 이메일, 인터넷, 전화를 전혀 사용하지 않아야 한다는 뜻이다. 이론적으로는 쉽게 들리지만 실천하기란 놀라울 정도로 어렵다. 오랫동안 주의력이 분산되는 관성에 젖어 있는 상태에서는, 자기 자신을 먼저 단련해야 한눈팔지 않고 장시간 집중할 수 있다. 이런 시도에 도움이 되는 몇 가지 방법이 있다.

처음에는 짧게 설정했다가 점차 늘려 간다: 집중 시간대를 1시간으로 시작한 다음, 2주가 지날 때마다 15분씩 늘려 가는 방법이 경험상 가장 효과가 좋았다. 핵심은 절대로 딴짓을 하지 않는 것이다. 만약 유혹에 져서 페이스북을 들여다보고 있는 자신을 발견한다면 차라리 설정해 둔 시간을 취소하고 나중에 다시 시도하는 편이 낫다. 이렇게 하면 이 시간 동안에는 조금이라도 딴짓을 용납하지 않게 된다.

다른 일과 명확히 구분되는 독립적인 업무를 다룬다: 예를 들어 보고서를 써야 한다면 조사나 연구 작업은 미리 해 두었다가, 집중 시간대가 되었을 때 온 정신을 보고서 작성에 전격적으로 집중할 수 있도록 하라.

집중 시간대는 별도의 장소에서 보낸다: 집중적으로 업무를 처리하기에 좋은 다른 공간으로 이동하라. 도서관이나 외부의 조용한 장소도 좋다. 가능하다면, 인터넷을 이용할 수 있는 일말의 가능성조차 피할 수 있도록 펜과 종이만 들고 작업하라.

주의력 집중과 딴짓 사이에 벌어지는 전쟁은 결코 만만한 문제가 아니다. 기업의 경쟁력은 물론 자신의 온전한 정신이 달린 일이다. 편리하지만 주의력을 산만하게 만드는 업무 습관을 사리분별 없이 유지함으로써 잃어버리는 가치의 양은 어마어마한 수준이다.

비록 위에서 설명한 집중 시간대 방식이 이 문제를 완전히 고칠 수는 없다고 해도, 최악의 업무 행태와 거리를 둘 수 있게 해 주고, 주변 환경 때문에 자신의 목표 달성이 위태로운 상황에서 중요한 창의적 업무를 체계적으로 해낼 수 있는 길을 열어 줄 것이다.

"

바쁘다고 좋은 게 아니다. (심지어 개미조차도 바쁘다.)

대체 무엇 때문에 바쁜가?
반드시 이 질문을 던져야 한다.

_헨리 데이비드 소로 Henry David Thoreau

"

멀티태스킹의 거짓말에
속지 마라

크리스천 재럿 Christian Jarrett

심리학자이자 《간략한 심리학 안내서The Rough Guide to Psychology》《뇌에 관한 위대한 신화Great Myths of the Brain》《지금 당신의 심리 상태는 어떻습니까?》 등의 저자. 영국심리학회가 펴내는 《사이콜로지스트》의 필진이며 동 학회에서 운영하는 '리서치 다이제스트' 블로그에도 기고하고 있다.

⬀ www.psychologywriter.org.uk

유명 소설가 조너선 프랜즌은 멀티태스킹의 유혹에 제대로 대처하기 위해, 베스트셀러 소설 《자유》를 쓸 때 집기조차 제대로 갖춰지지 않은 사무실에 스스로를 감금하다시피 했다. 《타임》과의 인터뷰에서 밝힌 바에 따르면 그는 심지어 자신의 구닥다리 노트북 컴퓨터에서 무선 랜 카드를 빼내고 초강력 접착제와 톱으로 이더넷 포트를 아예 못쓰게 만들었다. 그것으로도 모자라 귀마개와 소음 방지 헤드폰을 끼고 마치 누에고치가 된 것 같은 환경을 조성했다.

좀 극단적이기는 하지만, 프랜즌의 사례는 인간이 얼마나 불완전한 동물인지를 신랄하게 보여 준다. 창의적 정신은 걸핏하면 한눈팔기 일쑤고, 새로 등장한 연결성의 유혹은 너무나 강력해서 누구든지 쉽게 집중력을 잃어버리곤 한다.

멀티태스킹이라는 미신

연구에 따르면 인간의 마음은 걷기 같은 매우 자동적인 행위를 할 때만 멀티태스킹을 수행할 수 있다고 한다. 의식적인 집중을 요하는 행위인 경우, 실제 이루어지는 현상은 멀티태스킹이 아니라 서로 다른 요구 사항을 놓고 마음이 이리저리 움직이는 '작업 전환' 과정일 뿐이다. 마치 두 가지 이상의 일을 대단히 효율적으로 동시에 하는 양 느껴질 수 있지만, 실은 그저 한 가지 일을 하다가 다른 일을 하고, 또 다시 원래 일로 돌아오는 것일 뿐이다. 이 경우 한 번에 한 가지 일에만 집중할 때보다 숙련도와 정확성은 훨씬 떨어진다.

독서를 예로 들어 보자. 예전에는 두세 시간 독서를 한 후에는 타인과의 사교적인 접촉을 추구했는데, 이제 인스턴트 메신저 같은 도구가 출현하면서 두 가지를 동시에 할 수 있는 것처럼 보인다. 실제로는 어떨까? 센트럴 코네티컷 주립대학교의 로라 보먼이 이끄는 연구 팀은, 교과서를 읽으면서 메신저를 사용하는 학생이 단순히 책 읽기만 하는 학생에 비해 해당 단락을 읽는 데 25퍼센트의 시간이 더 걸린다는 사실을 알아냈다(메신저 사용 시간은 제외).[3] 동시에 수행하는 특정 행위들이 독서와 채팅이든, 글쓰기와 TV 시청이든, 무엇이든 상관없이 최종 결과는 동일하다. 각기 한 가지 일에 집중하는 경우보다 완성도는 떨어지고, 걸리는 시간도 더 길어진다.

바탕화면에 깔려 있는 딴짓의 유혹

물론 멀티태스킹만 탓할 게 아니다. 이보다 더 은밀한 해악은 바탕화면에 이메일이나 소셜 미디어 사이트를 열어 둔 채 겉으로는 일에 전념하는 우리의 습관이다. 이들 앱에서 새로운 소식을 알리는 알람이 울리면 우리는 바로 경로를 이탈하고 만다.

이때 단순히 메시지에 응답하는 시간만 뺏기는 것이 아니다. 한눈팔기 전에 하고 있던 일의 '흐름'을 되찾는 데도 상당히 애를 먹는다. 마이크로소프트에서 이를 확실하게 보여 주는 실험을 한 가지 진행했다. 직원 27명의 작업 습관을 2주일에 걸쳐

모니터링했는데, 직원들은 메시지에 응답하느라 평균 10분 정도의 시간을 허비했을 뿐 아니라 이를 시작으로 다른 앱도 둘러보는 데 평균 10~15분을 더 보낸 후에야 본연의 업무로 돌아왔다. 이런 딴짓이 때로는 몇 시간이나 계속되는 경우도 있었다.[4]

스스로에게는 이메일 하나에 후다닥 답하거나 짧게 통화 한 번 했을 뿐이라며 위안할지 모르겠지만, 실제 우리는 작업을 전환하는 동안 토끼 굴에 빠져 버려서 예상보다 훨씬 오랜 시간 동안 본연의 업무로부터 정신 줄을 놓게 된다.

제아무리 강철 같은 의지의 소유자라 할지라도, 언제든지 컴퓨터로 인터넷을 이용할 수 있다는 사실 하나만으로도 작업 성과가 떨어진다. 유혹에 저항하려는 행위 자체가 집중력을 저하시키고 정신력을 갉아먹는 것이다. 이는 2011년 심리학자들이 코펜하겐대학교에서 실시한 연구에서도 드러났다. 연구 참가자들을 두 집단으로 나눈 뒤 컴퓨터 작업을 지시했는데 이때 한 집단에게는 흥미로운 영상을 그냥 보여 줬지만, 다른 집단에게는 이 영상의 재생 버튼을 누르지 않고 참게 했다(당신의 컴퓨터에서 볼 수 있는 유튜브 영상 클립의 유혹과 비슷하다). 이후 다른 작업을 수행할 때 영상 시청의 유혹을 참아야 했던 집단은 영상을 볼 수 있었던 집단에 비해 작업 성과가 좋지 않았다.[5]

즉, 딴짓을 무시하려고 애쓴다고 해도 별 소용이 없다는 뜻이다. 프랜즌처럼 아예 이들을 집중 영역에서 완전히 몰아내기 위해 힘써야 한다. 그렇지 않는다면, 자기가 세워 놓은 규칙을 어기지 않는 데 정신 에너지의 절반을 쏟아야만 한다.

끝내지 않은 업무는 숙취와 같다

우리는 스스로에 대한 자제력을 충분히 발휘하고 있다고 생각하지만 우리 뇌에는 그 나름의 볼일이 있다. 오전에 보고서 작성 업무를 하다가 이 업무를 끝내지 않은 채 오후에는 광고 제작 브리핑 업무를 한다고 가정해 보자. 겉으로는 아무런 문제가 없을 듯해 보이는 변화지만, 미완성 상태인 아침 업무가 정신을 좀먹는 벌레처럼 뇌리에 남아 이후 업무 수행 능력에 부정적인 영향을 준다는 연구 결과가 있다. 심리학자들은 이런 현상을 '주의력 잔여물' 효과라고 부른다.

한 실험에서는 참가자들에게 두 가지 다른 과제를 수행하도록 했다. 우선 단어 퍼즐을 맞추게 한 다음, 완전히 별개의 작업인 이력서 검토 업무를 수행하도록 지시했다. 참가자들이 이력서 검토를 막 시작했을 때, 다시 말해 새로운 업무로 정신을 전환했을 때 연구자인 소피 리로이는 그들에게 돌발 과제를 하나 제시했다. 나열된 글자가 실제 단어인지 아닌지 알아내는 문제였다.

단어 퍼즐 과제를 다 완성하지 못한 채 새로운 업무를 수행해야 했던 집단의 참가자들은 퍼즐 안에 들어 있던 단어나 '풀다solve'처럼 퍼즐의 목표와 관련된 단어에 더 빠르게 반응했다. 끝내지 못했던 첫 번째 과제가 그들의 마음속에 계속 남아 있었기 때문이다. 단어 퍼즐을 완전히 끝마친 후 새 업무에 돌입한 대조군의 결과와 비교해 본 리로이는, 잔존 업무의 여파가 마치 숙취처럼 이력서 검토 과제에도 부정적인 영향을 끼쳤다는 사실을 발견했다.[6]

하던 작업을 보류해 두고 다른 일을 시작하는 것이 별일 아니라는 생각과 달리, 연구 결과를 보면 끝내지 못한 과제에서 손을 떼기가 매우 어렵다는 점을 알 수 있다. 이미 마음이 떠났다고 여긴다 해도 끝내지 못한 일은 계속해서 우리의 정신적 자원을 축낸다. 더군다나 이런 정신적 끌림을 무시하려는 시도만으로도 진이 빠지고 만다.

가능하다면 다른 작업으로 넘어가기 전에 찝찝한 마음을 떨쳐 버리고 기꺼이 손을 놓을 수 있는 중단 지점을 찾아내는 것이 가장 좋다. 이런 식으로 심적인 마무리를 끝낸 후 다른 과제에 에너지를 집중하는 편이 훨씬 쉬운 길이다.

물론 창의적인 과제의 수행 과정에서는 일을 바꿔 가며 처리하는 게 득이 될 때가 종종 있다. 심리학 연구 결과에 따르면 문제 해결 단계나 새로운 아이디어의 창출 단계에서, 잠시 과제로부터 벗어나면 잠재의식이 별개의 개념들을 서로 연관시킨다고 한다.

그러나 이는 단지 예외일 뿐이다. 효율성 강화 수단으로 위장하고 있지만 실상 멀티태스킹은 생산성 저하의 주범임을 잊지 말자. 일단 아이디어를 떠올리고 나아갈 방향을 확인했다면 이제는 본격적으로 일에 매진할 때다. 이를 위해서는 단 한 가지에 전념하는 마음을 갖춰야 한다.

2장 정말 중요한 일에 집중하게 해 주는 루틴의 힘

"

인간이 가진 어리석음의 가장 원초적인 형태는,
자신이 성취하고자 노력하는 대상을
망각하는 것이다.

_프리드리히 니체Friedrich Nietzsche

"

산만함의 강박으로부터
벗어나는 길

댄 애리얼리 Dan Ariely

듀크대학교 심리학 및 행동 경제학 교수로서, 사람들이 합리적이지는 못할지
언정 좀 더 현명하게 살 수 있도록 도움을 주는 데 전념하고 있다. '고급통찰
센터The Center for advanced Hindsight' 창립 멤버이며 《부의 감각》《상식 밖의
경제학》《거짓말하는 착한 사람들》《댄 애리얼리, 경제 심리학》 등의 베스트셀
러를 썼다.

🔗 www.danariely.com

댄 애리얼리는 '비이성적 성향'에 깊은 관심을 가지고 있다. 선
도적인 행동 경제학자이자 대학교수이며 베스트셀러 작가인

그는 왜 사람들이 형편없는 결정을 하는지, 왜 남을 속이는지, 심지어 자신에게 별다른 이익이 되지 않는 상황에서도 왜 거짓말을 하는지 등의 주제를 연구한다. 그는 또한 '고급통찰센터'라는 거창한 이름을 가진 기관의 창립자이자 소장이다. 가장 소중한 시간을 쓸데없이 낭비하게 만드는 비이성적 충동 뒤에 숨은 과학, 그리고 이런 충동을 극복할 수 있는 방법에 관해 이야기를 나눴다.

Q. 당신은 우리가 잘못된 결정을, 대개 무심코 내리는 이유를 연구합니다. 이런 결정이 우리의 일에 어떤 영향을 끼치나요?

우선 사람들은 아침에 제일 먼저 이메일을 체크하는 정말 나쁜 습관을 가지고 있습니다. 대부분의 사람에게 아침은 가장 생산성이 높은 시간이죠. 이 생산적인 시간을 희생할 정도로 이메일은 너무나 유혹적인 겁니다.

이 와중에 우리는 뭔가 일이 진척되고 있다고 느끼는 점 또한 문제입니다. 만약 받은 편지함에서 10개의 이메일을 삭제했다면 뭔가를 했다는 생각이 듭니다. 하지만 잘 생각해 보면 과연 이 행위를 통해 무엇을 얻었는지는 불확실하죠.

그다음으로 일정표 캘린더도 우리에게 도움이 되지 않습니다. 이런 일정표에는 보통 30분이나 1시간 단위로 끝낼 수 있는 일을 표시하잖아요. 그런데 가령 50시간 정도 걸리는 일이 있다고 칩시다. 뭐, 중요한 창의적 업무를 끝내는 데 보통 이 정도 걸릴 수 있겠죠? 이런 업무는 자연스럽게 일정표에서 배제되고 마는 거죠.

그리고 기회비용도 생각해 봐야 합니다. 돈으로 따지자면 기회비용이란 3달러로 카페라테 한 잔 사 먹으면 그 돈을 다른 데에는 쓰지 못한다는 뜻이지요. 시간 또한 기회비용 개념으로 설명할 수 있지만 이해하기 훨씬 어려운 경우가 많죠.

뭔가를 하는 그 시간 동안에는 다른 일을 하지 못한다는 의미지만, 자신이 포기하는 일이 무엇인지 실제로는 보이지 않습니다. 가령 이메일을 확인할 때와 50시간 걸리는 일을 할 때를 비교해 보죠. 이메일을 확인하는 일은 아주 쉽습니다. 그러나 50시간 걸리는 일을 눈으로 확인하는 건 쉽지 않죠.

Q. 이메일은 왜 그렇게 유혹적인 시스템인가요?

심리학자 B. F. 스키너B. F. Skinner는 '무작위 보강'이라는 개념을 생각해 냈습니다. 쥐가 레버를 100번 누를 때마다 먹이를 준다고 칩시다. 쥐의 입장에서는 신나는 일이죠. 그러나 횟수를 1~100까지 무작위로 골라 선택하면 더욱 흥미로운 결과가 나옵니다. 보상을 전혀 하지 않아도 쥐는 계속해서 레버를 더 많이 누르는 겁니다.

이메일과 SNS도 무작위 보강의 아주 좋은 예라고 생각합니다. 레버를 누르듯이 이메일을 확인해 보면 보통은 별 재미있는 일이 없습니다. 그러나 아주 가끔씩은, 신나는 소식이 기다리고 있죠. 무작위 간격으로 발생하는 그런 즐거움 때문에 우리는 계속해서 이메일을 확인하게 되는 겁니다.

또 한 가지 이해해야 할 개념은 '선택 설계'인데요. 주변 환경이 우리가 내리는 최종 결정과 밀접한 관련이 있다는 겁니다. 가령 뷔페에서 줄을 서서 음식을 담을 경우 음식이 진열된 방식, 즉 신선한 과일과 샐러드가 손쉽게 집을 수 있는 위치에 놓여 있는지, 아니면 좀 더 맛있는 음식 뒤의 구석에 처박혀 있는지 등의 진열 방식에 따라 우리가 최종적으로 먹는 음식이 결정된다는 뜻이죠.

컴퓨터 안의 세계를 포함한 우리 주변 세상은 우리로 하여금 '지금 당장' 뛰어들라고 유혹하는 데 혈안이 되어 있습니다. 페이스북을 예로 들어 보죠. 그들은 지금부터 20년 후 우리의 생산성이 높아지는 데 신경을 쓸까요? 아니면 지금 당장 우리의 시간과 집중력과 돈을 원할까요? 유튜브나 온라인 매체들도 모두 마찬가지입니다.

다음 세 가지를 한번 조합해 보세요. ①우리 주변의 세상은 우리를 유혹하려고 한다. ②우리는 주변 세상의 말을 잘 따른다(예: 선택 설계). ③우리는 유혹에 그다지 잘 대처하지 못한다. 이 점들을 종합해 보면 재앙이라는 결론을 얻을 수밖에 없죠.

Q. 그럼 어떻게 대처하는 게 옳은 길일까요?

일반적으로는 유혹이 닥쳤을 때 그에 저항하기란 믿을 수 없을 정도로 어렵다고 생각합니다. 이메일과 SNS 메시지가 도착했다는 알람이 들리면 이를 떨쳐 내기는 대단히 힘들죠. '어떤 신나는 일이 기다리고 있을까'라는 생각이 계속 드니까요. 그때 이메일을 열어 보지 않는다면 일을 훨씬 더 잘할 수 있을 텐데도 말입니다.

가장 좋은 방법은 관리자가 IT 부서에 매일 오전 8시부터 11시 사이에는 이메일을 막아 달라고 부탁하는 겁니다. 사람들과 24시간 내내 소통하는 것이 최선이라는 생각은 사실 생산성의 극대화와는 거리가 멀죠.

Q. 당신은 유혹을 물리치고 자제력을 발휘하는 인간의 능력에 한계가 있다고 생각합니까?

자제력에는 두 가지 요소, '자제력 문제'와 '자제력 해법'이 있습니다. 자제력 문제는 결국 "지금 당장이냐, 아니면 나중이냐"의 문제라고 할 수 있죠.

듀크대학교 경영대학원 교수 랠프 키니Ralph L. Keeney의 연구에 따르면, 잘못된 결정으로 인해 빚어지는 인간의 사망률을 추정해 보니 100년 전에는 그 수치가 전체 사망률의 10퍼센트였다고 합니다. 그런데 요즘에 와서는 그 비중이 40퍼센트를 조금 넘습니다. 왜 그럴까요? 새로운 기술이 발명된다는 건 우리 자신을 죽이는 방법 또한 새로 발명된다는 의미이기 때문이죠. 고칼로리 음식과 비만이라는 문제를 생각해 보세요. 담배와 흡연도 마찬가지죠. 문자 메시지와 운전도 그렇고요. 이 모두가 자제력 문제를 야기하는 요소들입니다.

자제력 해법은 우리 스스로 더 나은 행동을 위해 시도하는 모든 것을 말합니다. 많은 돈을 지불하고 헬스클럽에 등록했는데 운동을 거른다면 죄책감이 들죠. 그래서 이 때문에 빠지지 않고 가게 됩니다. 밝혀진 바로는 이 죄책감이 효과는 있지만 지속 시간은 짧다고 합니다. 결국에는 사라지고 말죠. 100칼로리짜리 작게 포장된 쿠키 팩을 사는 이유도, 단지 '용량이 적은만큼 쿠키를 덜 먹겠지'라는 식으로 생각하기 때문입니다.

그러다 결국에는 '자아 고갈'이라는 현상에 맞닥뜨리게 됩니다. 우리의 자아가 계속되는 유혹을 물리치면서 벌어지는 현상이죠. 연구 결과에 따르면 유혹을 물리칠 때마다 에너지가 필요하며, 시간이 갈수록 점점 더 많은 에너지가 소모되고 남아 있는 에너지는 줄어듭니다. 즉 유혹에 굴복할 가능성이 커지는 거죠.

Q. 우리가 시간 관리를 좀 더 잘하기 위해서는 무엇에 집중해야 할까요?

저는 가장 중요한 요소가 '진전의 가시화'라고 생각합니다. 대개의 경우 일이 얼마나 진척됐는지 확인하기가 쉽지 않죠. 그런데 이메일 답장 같은 쉬운 일이라면, 1000통의 이메일에 답장한다고 해도 자신이 답장한 이메일을 한눈에 파악할 수 있습니다. 반면 어려운 문제를 처리할 때는 마치 30시간은 헛되이 보냈고 마지막 30분만 유용했던 것처럼 느껴집니다. 왜냐하면 마지막 30분 동안에 아이디어가 떠올랐기 때문이죠.

일이 진척된다는 감각은 한눈에 파악되지 않습니다. 그러니 제 생각에 관건은, "어떻게 하면 자신이 발전하고 있다는 것을 느낄 수 있는가?"인 겁니다. 일의 진전 여부를 가시화할 수 있다면 다른 많은 것은 작은 장애물에 지나지 않는다고 생각합니다.

만약 펜으로 적으면서 일을 한다면 자신이 처리한 일의 증거물이 남습니다. 자신이 밟아 온 경로를 볼 수 있는 거죠. 그러나 컴퓨터로 일을 하는 경우, 현재 하고 있는 일만 보일 뿐 그 이전의 성과는 확인할 수 없습니다.

이런 경우에는 자신의 진전 상황을 일깨워 줄 수 있는 장치를 고안해 봐야죠. 일기를 써 보는 건 어떨까요? 이전 작업물을 단계별로 저장해 둬야 할까요? 매일 새로운 버전의 문서를 작성해 볼까요? 발전의 기록이 눈에 보이도록 하는 방법들을 생각할 수 있을 겁니다.

"

창조란, 집중을 방해하는 크고 작은 장애물들을
포기하는 일에 불과하다.

_E. B. 화이트 E. B. White

"

자제력에도 전략이 필요하다

에린 루니 돌랜드 Erin Rooney Doland

집 안과 사무실 정리에 관한 기사를 제공하는 웹사이트 unclutterer.com의 편집장이자 《일주일 혁명》 저자. 작가, 생산성 컨설턴트, 강연자로 활동하는 그녀는 '집필'과 '단순한 삶'이라는 두 가지 주제에 열정을 쏟고 있다.

⤷ www.unclutterer.com

80권 이상의 로맨스 소설을 쓴 작가 리 마이클스는 이렇게 말했다. "영감이 떠오르기를 기다려 글을 쓰겠다는 건 공항에서 기차를 기다린다는 말이나 마찬가지다." 작품을 생산하는 여건이 이상적인 경우는 드물며, 모든 것이 완벽해지길 기다리다가는 십중팔구 일이 지연되기 일쑤다.

아무리 뛰어난 작품을 생산해 내는 유명한 창작자라고 해도 그들 중 대부분은 생계와 창작 활동을 뒷받침해 주는 후원자가 없다. 뮤지션들은 낮에 따로 직장에 나가는 경우가 많고, 시인은 교수를 겸하며, 장편 영화 제작자는 부업으로 광고를 찍어야 한다. 우리는 좋든 싫든 끊임없이 이 일 저 일을 오가면서 집중력을 빼앗는 장애물과 싸우는 와중에, 혼돈 속에서 창조하는 방법을 익혀야 한다.

산만함이 모두 나쁜 것만은 아니다

창작을 방해하는 부정적인 산만함은 텔레비전, 미처 끝내지 못한 잡일, SNS, 이메일, 동료와의 잡담, 불안함, 자기 의심 등 여러 가지 모습으로 다가올 수 있다. 이 모든 방해 요소로부터 자신을 완전히 단절시키는 건 이론적으로만 가능하다. 뉴욕주외곽에 위치한, 창작자들을 위한 공간인 야도 스튜디오Yaddo Studio는 분명 수백 명의 위대한 예술가에게 산만함으로부터 방해받지 않을 수 있는 피난처 역할을 해 왔지만, 대부분의 사람에게는 실현 가능성이 없는 이야기다.

더구나 가정과 직장을 내팽개치고 예술가의 피난처에서 생활한다는 것은 비현실적일 뿐 아니라 무책임한 행위일지도 모른다. 게다가 주체할 수 없을 정도의 고요함과 시간 속에서, 자칫하면 불안감과 자기 의심이 더 심해질 수 있다는 불편한 진실도 간과할 수 없다.

1970년대, 스탠퍼드대학교의 연구진은 부정적인 산만함에 대처하기 위해서는 긍정적인 산만함을 이용하는 것이 가장 좋은 방법임을 알아냈다. 말하자면 좋은 산만함으로 나쁜 산만함을 물리칠 수 있다는 얘기다.

스탠퍼드 연구[7]에서 아이들은 마시멜로 한 개를 지금 당장 먹든가, 2~3분 기다린 후 두 개를 먹든가, 둘 중 하나를 택하라는 지시를 받았다. 당장의 만족감을 미루는 데 성공한 아이들은 '긍정적 산만함'의 기술을 사용했다. 어떤 아이는 노래를 불렀고, 어떤 아이는 테이블을 발로 찼다. 마시멜로 외의 다른 것으로 마음을 돌릴 수 있다면 무엇이든 했던 것이다.

긍정적 산만함의 기술을 적용하는 것은 단지 마시멜로의 유혹을 이겨 내는 데에만 국한되지 않는다. 타이머를 설정해 두고 일부러 시간에 쫓기면서 과제를 완성해 보라. 혹은 목표를 달성했을 때 휴게실에서 음료를 마시거나 SNS를 3분 동안 이용하는 등 성과와 직접적인 연관이 없는 보상을 연결 지어도 좋다. 일을 할 때 정신을 산만하게 만드는 모든 생각과 번민을 기록해 뒀다가, 하루가 끝난 후 10분 정도 시간을 내어 이런 고민거리들을 따로 처리하는 방법도 있다.

자제력은 어떻게 키우는가

어수선한 환경 속에서 일하는 데는 어쨌든 상당한 자제력이 요구된다. 부정적인 산만함을 이겨 내고 일에 집중하려면 에너지와 정신적 역량을 소모할 수밖에 없다. 심리학자 로이 바우마이스터Roy Baumeister는 《의지력의 재발견》을 집필하면서, 어떤 사람들은 여러 시간 동안 집중력을 유지하는 반면 어떤 사람들은 그러지 못하는지 그 이유를 알아내고자 수백 가지 실험 결과를 분석했다. 그 결과, 자제력이란 유전되거나 고정된 형질이 아니라 연습을 통해 개발하고 향상시킬 수 있는 능력임을 발견했다.[8]

바우마이스터는 자제력을 키울 수 있는 여러 전략을 제시한다. 그중 한 가지는 얼핏 자제력과 관계없어 보이는 습관을 들이는 것이다. 예를 들면 올바른 자세 잡기, 건성으로 "응"이라고 답하지 않고 제대로 "네"라고 답하기, 자기 전에 반드시 치실질하기 등이다. 이를 통해 삶의 다른 영역에서도 의지력이 강화될 수 있다. 뿐만 아니라 일단 새로운 습관에 익숙해지고 나면 별다른 노력이나 생각 없이도 그 일을 완수할 수 있고, 여기서 아낀 에너지를 더 많은 자제력이 필요한 다른 활동에 사용할 수 있게 된다. 자동 조종 모드로 처리하는 일은 의식적으로 완수해야 하는 일과 달리 우리의 에너지를 많이 소모하지 않기 때문이다.

중간중간 규칙이 변해서 계속 집중해야 하는 전략 게임을 즐기거나, 줄거리를 따라잡기 위해 주의해야 하는 오디오북을 듣는 것과 같은 오락 활동 또한 자제력을 키우는 데 도움이 될 수 있다. 심지어 규칙적으로 충분한 수면을 취하는 것처럼 단순한 행동도 집중력과 자제력 향상에 효과가 있다.

의식과 무의식을 오가는 스케줄 전환의 기술

그러나 우리가 아무리 자제력을 키운다 해도, 자제력이란 애초에 한정된 자원이므로 다른 전략을 결합해야 할 필요가 있다. 캘리포니아대학교 데이비스 캠퍼스의 두 연구자, 킴벌리 엘스바흐와 앤드루 해거든 박사는 업무 중 의식해서 해야 하는 활동과 무의식적으로도 할 수 있는 활동을 번갈아 가며 처리할 경우 창의성과 효율성이 향상될 수 있다는 사실을 발견했다. 육체적 활동에 비유하자면 장거리 마라톤을 뛰는 중간중간에 여러 번의 단거리 경주를 뛰는 것이 인간의 마음에 더 적합하다고 할 수 있는 것이다.

《조직 과학Organization Science》이라는 저널에 실린 이들의 보고서에 의하면, "단순 제조 라인 업무(공급함 채우기), 복사하기, 단순 청소(실험실 장비 세척), 단순 유지 보수, 분류 및 조립,

단순 서비스 업무(포장 해체 및 저장)" 등이 '무의식적 업무'로 정의된다. 이와는 반대로 문제 해결이나 발명 등과 연관된 핵심 과제나 창의력이 요구되는 과제는 '의식적 업무'에 속한다. 의식적 업무에서 무의식적 업무로 전환하면 우리 뇌는 이완된 상태에서 복잡한 문제를 처리할 수 있는 여유를 가지고, 다음번 의식적 업무에 필요한 에너지를 충전할 수 있다.[9]

사람마다 생산성과 효율성이 저하되기 시작하는 시간이 각기 다른데, 이 시간의 길이는 하루 중에도 변할 수 있다. 자신의 에너지 수준이 올라가고 떨어지는 시간을 기록해 두면 의식적 업무와 무의식적 업무를 전환하는 스케줄을 짤 때 유용하다. 타이머를 이용해서 에너지 수준의 변동 시간을 미리 파악해 두면 탈진과 시간 낭비를 예방할 수 있는 것이다.

이제까지 언급한 관찰과 훈련 과정을 들으면서 당신은 "창의적으로 뛰어난 성과를 거두기 위해 무슨 과학자나 운동선수라도 되라는 것인가?"라는 의문을 가질지도 모르겠다. 어떤 의미에서는 맞는 말이다. 어떤 일에서 탁월함의 경지에 오르기 위해서는 궁극적으로 관찰과 정련, 적응과 인내가 요구되기 때문이다. 저명한 소설가인 무라카미 하루키가 자신의 작품을 완성하기 위해 스스로에게 적용하는 자제력 이야기에 귀 기울여 보기 바란다.

저는 소설 쓰기 모드에 돌입했을 때 새벽 4시에 일어나 5~6시간 동안 작업합니다. 오후에는 10킬로미터 달리기나 1500미터 수영을 한 다음(혹은 두 가지를 모두 한 다음), 책을 읽거나 음악을 감상하지요. 밤 9시에는 잠자리에 들고요. 이런 루틴을 변화 없이 매일 지속합니다. 반복 자체가 중요합니다. 반복은 일종의 최면이니까요. 제 자신의 깊은 내면에 접근하기 위해 스스로에게 최면을 거는 겁니다. 하지만 6개월~1년이라는 긴 시간 동안 이런 반복적 생활을 유지하려면 엄청난 정신력과 체력이 요구되지요. 이런 의미에서 장편 소설을 쓴다는 건 생존 훈련과도 같습니다. 예술적 감성만큼 체력이 절실한 일이지요.[10]

창의적인 사람이 되기 위해서는 가장 혼란스러운 환경 속에서도 집중력을 단련하고 창의적 에너지를 모으는 법을 배워야만 한다. 마치 농구 선수가 상대 팀을 응원하는 관중의 함성 속에서도 자유투를 성공시키기 위해 자신의 몸과 마음을 단련하는 것처럼 말이다.

"

자신이 어떤 분야에 관심을 쏟는지가
그 사람의 정체성을 대변한다.

_호세 오르테가 이 가세트José Ortega y Gasset

"

차단과 집중으로
잠재력을 깨우는 비결

스콧 벨스키 Scott Belsky

어도비의 커뮤니티 부문 부사장 겸 CPO Chief Product Officer, 창작자들을 위한 선도적 온라인 플랫폼 '비핸스'의 공동 창립자 겸 대표. 그는 《패스트컴퍼니》가 선정한 '가장 창의적인 비즈니스 인물 100인'에 이름을 올렸고, 세계적인 베스트셀러 《그들의 생각은 어떻게 실현됐을까》를 펴냈다. 또한 핀터레스트와 우버 등 여러 기업의 투자자이자 자문가이기도 하다.

⬀ www.scottbelsky.com

회의나 수업이 끝나고 당신이 가장 먼저 하는 일은 무엇인가? 회의장으로 이동하는 시간에는 무엇을 하는가? 줄을 서서 기다릴 때는 어떤가? 예전에는 이런 자투리 시간을 잠시 숨을 고르고 자신을 돌아보는 기회로 삼았다. 하지만 요즘 우리는 커

2장 정말 중요한 일에 집중하게 해 주는 루틴의 힘

뮤니케이션의 물결에 합류해 자신이 아닌 세상에 주파수를 맞추기 바쁘다.

우리는 이런 행위에 어떤 대가를 치르게 될지 거의 생각조차 해 보지 않는다. 문자 메시지를 확인하는 데 몇 분이나 걸린다고 난리인가? 휴대폰을 체크하든지 아니면 주위를 둘러보며 생각하든지, 어쨌든 시간이 흐르는 건 다 똑같지 않나? 이러나저러나 무슨 차이가 있겠는가?

일단 전자 기기를 사용하기 시작하면 나는 완전히 포로 상태가 된다. 전자 기기를 이용해 타인과 소통하거나 웹사이트 상태를 체크하는 등의 의도적인 행위는 특정한, 그리고 대개는 만족감을 주는 결과를 가져온다. 반면 자투리 시간에 아무것도 하지 않는다는 것은 의도가 훨씬 불명확한 행위다. 그러면 나는 어떤 명확한 목적도 없이, 단지 눈과 마음을 활짝 열고 그 순간에 '존재'할 뿐이다.

이처럼 세상과 연결되는 의도적 행위의 반대편을 경험해 보는 것, 즉 커뮤니케이션의 물결에서 벗어나 현재의 진정한 나 자신으로 존재해 보는 것은 창의적인 인간으로서 행복과 성과를 얻는 데 중대한 역할을 한다. 시인이자 예술가인 줄리아 캐머런Julia Cameron의 말처럼 "우물을 채우는 시간"이 필요한 것이다. 한쪽에서 오는 자극을 차단해야 다른 쪽에서 오는 자극을 느낄 수 있다.

늘 새로운 눈으로 자신을 바라보라

오래전 아직 학생이었던 시절에 나는 버몬트에서 '산악 스쿨'이라는 한 학기짜리 프로그램을 수강했다. 이 프로그램에 참가하는 모든 학생은 황야에서 홀로 사흘 동안의 여정을 완수해야 한다. 방수 시트와 생필품만 받은 채로 그린 마운틴의 야영지로 보내지는데 규칙은 간단했다. 음악 금지, 전자 기기 금지, 동행 금지.

홀로 보냈던 첫날이 엄청나게 지루했다는 건 두말할 필요도 없을 것이다. 말을 걸 사람도, 읽을거리나 볼거리도 없었다. 그냥 마음을 비운 채 멍하니 앉아 있어야 했다. 평생 의지해 왔던 끊임없는 외부 자극이 갑자기 뚝 끊겨 버렸고, 나는 대체 뭘 해야 할지 알 수 없었다.

그러나 둘째 날, 뭔가 변화가 느껴졌다. 불현듯 뇌가 다시 움직이기 시작했다. 4월 초 고요하게 내리는 눈, 수백 년 된 나무의 위엄, 이런 주변 환경에 눈뜨게 되었다. 시간이 쏜살같이 흘러갔다. 홀로 보낸 여정에서 깨닫게 된 것은 전자 기기와의 접속을 끊은 상태가 되자 내 창의력과 상상력이 새로운 날개를 달았다는 점이다. 지금 이 순간에 주파수를 맞출 때 우리는 비로소 주변 세상을 인식하고 우리 마음이 지닌 잠재력을 알아보기 시작한다.

미리 계획하지 않은 시간의 힘

아마존의 창립자이자 CEO인 제프 베조스보다 장기 계획 수립으로 유명한 디지털 시대의 경영자는 없을 것이다. 아마존 초창기, 미래에 대한 구상이 아마 가장 중요했을 그 시기에 베조스는 월요일과 목요일 일정을 완전히 비워 두곤 했다. 그는 회의로 점철된 전형적인 CEO의 일정을 따르는 대신 단지 탐색하고 배우고 생각하는 데 상당한 시간을 할애했다. 그 시간 동안 그는 회사 구석구석을 이리저리 둘러보거나 평소에는 잘 하지 않게 되는 일들을 처리했다.

베조스는 《와이어드》지와의 인터뷰에서 이렇게 설명했다. "저는 여기저기 돌아다니며 사람들에게 말을 걸거나 제 스스로 미팅을 잡아요. 정규 스케줄에는 없던 일정이죠."[11] 이렇듯 계획되지 않은 시간을 따로 비워 두고 현재의 순간에 전적으로 투자하여, 자신이 이끄는 팀의 방향을 결정하거나 자신의 생각에 깊이 빠져 봤던 경험은 아마존의 장기 비전을 가다듬는 데 분명 큰 도움이 됐을 것이다.

우리는 대부분 무작정 탐색하거나 기분대로 따르거나 크게 생각할 여유를 좀처럼 갖지 못한다. 그러나 이런 능력이야말로 끊임없는 접속의 시대에 중요한 경쟁력이 될 수 있다. 베조스처럼 자신을 위해 하루 온종일을 할애할 수 없다고 해도, 일주일 중 단 며칠이라도 아침 한두 시간 동안 세상과의 접속을 끊은 채 자기만의 시간으로 따로 확보할 수 있다면, 거기서부터 큰 변화가 시작될 것이다.

우연의 축복을 받아들일 준비를 해 두라

때로는 우연한 만남이 자신의 일과 삶에 엄청난 이득을 가져다 줄 때도 있다. 컨퍼런스에서 커피를 마시러 줄을 섰다가 만난 사람과 친근하게 대화를 나누고 명함을 주고받았을 뿐인데, 몇 달 뒤 그 만남이 자신의 회사에 대한 첫 투자로 이어질 수도 있다. 혹은 콘서트에서 옆에 앉아 잡담을 나누던 사람이 당신의 최대 고객이 될 수도 있다. 아니면 네일 숍에서 우연히 옆에 앉게 된 두 사람이 서로의 가족에 관한 이야기를 나누다가 소개팅을 주선하고 그 결과 결혼이 성사될지도 모르는 일이다(실제로 나는 이렇게 아내를 만났다. 다행스럽게도 당시에는 스마트폰이 없었기 때문에 실제 만남까지 이어질 수 있었다).

얼마나 많은 창작물과 깨달음이 우연의 산물인지, 나는 이 점에 끊임없이 놀라고 그 앞에서 겸허함을 느낀다. 물론 이런 우연한 기회가 가치를 발휘하기 위해서는 그 기회를 포착하고 일을 추진하는 것이 중요하다. 과연 우리는 살면서 얼마나 많은 기회를 놓치고 마는 것일까? 우리 손에 들린 전자 기기에 정신을 쏟는 동안, 모든 변화의 순간과 믿을 수 없는 잠재력을 지닌 우연이 우리 곁을 스쳐 지나가고 있다.

경험의 가장 위대한 가치는 보통 그 경계면에서 발견된다. 컨퍼런스에 참석한 주된 성과가 무대 위 발표와는 아무 관련이 없을 수도 있고, 네일 숍을 방문한 보상이 매니큐어보다 훨씬 더 대단한 것일 수도 있다.

우연의 힘을 중시하는 순간 곧바로 그 힘이 발휘되는 것을 목격할 수 있다. 줄을 설 때나 사람들과 어울릴 때 당신의 스마트폰을 주머니 속에 그대로 둬 보라. 모든 우연으로부터 발생하는 예기치 못했던 가치에 주목하라. 우연을 불러들이는 루틴을 발전시켜 보라.

무엇보다 '지금 여기'가 중요한 이유

집중력을 유지하고 창조에 필요한 신성한 정신을 보존하며 나에게 가장 중요한 부분에서 궁극적인 결과를 얻어 내는 일, 오늘 당신에게 주어진 이 과제는 오직 '지금'과 '여기'를 잘 활용해야만 실현할 수 있다. 그러기 위해서는 '접속하는 시간'을 '오롯이 현재에 집중하는 시간'으로 대체해야 한다.

끊임없는 접속으로 인해 치러야 할 대가를 알아라: 늘 타인에게 집중하면서 정보와 외적 가치를 추구하는 데만 몰두해 있다가는 자신의 마음이 가진 잠재력을 발굴할 기회를 놓치게 된다.

접속의 원인에 문제는 없는지 확인하라: 일종의 확신이 부족할 때 우리는 전자 기기를 들여다보곤 한다. 현재를 회피하게 만드는 불안감의 정체에 더욱 집중하라. 기존의 모습을 계속 염려하다 보면 미래에 대한 큰 그림을 그릴 수 없다.

하루 중 외부 자극이 없는 시간을 확보하라: 그 시간을 신성하게 여기고 그동안에는 장기적으로 중요한 두세 가지 일에만 온전히 집중하라. 사색과 계획을 위한 시간으로 만들고, 자신이 배운 바를 소화하는 계기로 삼아라.

타인뿐 아니라 자신의 직감에도 귀를 기울여라: 아무리 새롭고 다양한 커뮤니케이션이 중요하다고 해도, 다수의 목소리로 인해 스스로 설득당하지 말아라. 그 무엇에도 자신의 직관보다 더 큰 힘을 부여해서는 안 된다.

우연의 가능성을 활짝 열어 둬라: 사람, 아이디어 또는 깨달음을 주는 실수와의 연결은 예기치 못했던 상황에서 생겨나는 경우가 많다. 우리가 지금 현재에 온전히 몸담고 있어야만, 운과 세상의 신비가 제대로 마법을 부릴 수 있다.

우리가 가진 잠재력의 관리자는 다름 아닌 바로 우리 자신이다. 당신의 내면과 주변에 위치한 잠재력이란 자원은, 당신이 그 가치를 인식하고 활용법을 개발해야만 비로소 진가를 발휘할 수 있다. 기술의 미래가 어떻게 펼쳐지든지, 자신에게 온전히 집중하고 마음의 힘을 전적으로 이용할 수 있는 능력을 가진 사람이 가장 위대한 리더가 될 것임에 분명하다.

"정말 중요한 일에
집중하게 해 주는 루틴의 힘"
사용법

창의적 시간을 사수하라

방해받지 않고 집중적으로 작업할 수 있는 시간을 일정표에 기록하고 그 시간대를 고객과의 미팅만큼이나 중요시하라.

머리가 맑을 때 집중하라

'날카로운 집중'이 필요한 업무는 오전에 처리하라. 자제력, 그리고 산만함에 저항하는 우리의 능력은 시간이 갈수록 감소하기 때문이다.

배경의 소음을 없애라

휴대폰, 이메일, 현재의 과제와 관련 없는 애플리케이션은 꺼 둬라. 이들의 존재 자체와 그 유혹이 당신의 집중력을 고갈시킨다.

발전을 눈에 보이게 만들어라

장기적인 프로젝트에서, 발전하고 있다는 사실은 대단한 동기 부여가 된다. 작업 기록을 저장하거나 획기적인 성과를 공표하거나 일기를 쓰는 등의 방식으로 매일의 성과를 가시화하라.

뇌에 휴식 시간을 부여하라

어려운 창의적 작업과 '무의식적'으로도 수행할 수 있는 작업을 번갈아 배치하여 뇌에 휴식과 재충전을 위한 시간을 제공하라.

자투리 시간을 활용하라

자투리 시간에 스마트폰을 확인하는 습관을 버리고 기회와 우연에 자신을 맡겨라.

3장

창의력의 날을
날카롭게 세우는 루틴의 힘

창의력을 높이고 깨달음의 순간을 샘솟게 하는 방법

창의적 프로젝트를 수행하려면 일상의 아이디어를 실현해 내는 몹시 고된 과정을 거쳐야 한다. 천재란 말 그대로 "1퍼센트의 영감과 99퍼센트의 땀" 으로 이뤄진다. 그러나 99퍼센트의 이면을 잊어서는 안 된다. 순전히 의지력 만 가지고서는 모든 문제를 해결할 수 없다는 사실 말이다. 놀고 쉬고 탐색 할 시간 또한 만들어야 한다. 이런 시간은 기존의 아이디어를 더 발전시키고 새로운 프로젝트를 전개하도록 도와주는 창의적 통찰력의 필수 조건이기·때문이다.

이는 곧 기존의 루틴에서 벗어난 루틴을 만들고, 장난삼아 실험적인 프로젝 트를 시도해 보며, 우리 뇌가 문제를 바라보는 관점을 완전히 새롭게 바꿔 봐야 한다는 의미다. 또 우리 내면의 비평가를 입 다물게 하고, 완벽주의적 성향을 배격하며, 열망을 일으킬 창의적 시간의 실천 방법을 배워야 한다는 의미이기도 하다.

늘 창의적이고 싶다면 항상 뭔가에 전념하면서 끊임없이 마음을 발전시켜야 한다. 정체되어 있는 것이야말로 창의성의 가장 큰 적이기 때문이다.

자신을 위한 창조에 매달려라

토드 헨리|Todd Henry

창작자와 조직의 왕성하면서도 성공적인 활동을 도와주는 기업 '액시덴털 크리에이티브'의 창립자. 그의 저서 《나를 뛰어넘는 법》은 소위 '주문형 창작 시장'에서 전문 창작자가 성공할 수 있는 전략을 소개하고 있다.

↗ www.accidentalcreative.com

"누군가로부터 대가를 받지 않고, 또 당신이 제대로 일하는지 어깨 너머로 감시를 받지 않고 뭔가를 해 본 게 언제가 마지막이었나요?" 창작자들에게 물어보면 대답은 거의 여지없이 이렇다. "기억이 안 나는데요." 사실 창의성은 돈벌이나 고객, 상사를 기쁘게 해 줄 수단으로 전락하기 쉽다. 그러나 이런 종류의 일은 당신의 능력 중 단지 일부만을 사용하게 한다. 정말로 뛰어나고 싶다면 가장 중요한 관객, 즉 자기 자신을 위해 창조해 야 하는 것이다.

줄리아 캐머런은 자신의 저서 《아티스트 웨이》에서 지금은 유명해진 '모닝 페이지'라는 한 가지 습관을 소개했다. 그녀는 숨어 있는 아이디어를 찾아내고, 머릿속 검열관의 목소리를 밀어내며, 창의력의 물꼬를 트기 위해 아침에 일어나자마자 떠오르는 생각을 3쪽 분량으로 자유롭게 적어 보라고 권한다. 캐머런은 모닝 페이지를 통해 실용적이거나 효율적인 결과를 곧바로 얻을 수는 없겠지만 그래도 이를 일종의 의식으로 받아들인 많은 사람에게 기발한 통찰력의 빗장을 열어 주었다고 주장한다.

나는 이런 '불필요한 창조'가 주는 유사한 혜택들을 각계의 전문 창작자들의 삶에서 목격했다. 정원 가꾸기나 수채화 그리기부터 주말마다 조금씩 소설 써 보기까지, 각자의 조건에 맞춰 나름의 창의적 활동에 전념함으로써 잠재된 열정과 통찰력을 발현시킬 수 있는 것처럼 보였다. 나는 정신적 노동을 하는 사람이라면 누구에게나 이 불필요한 창조가 꼭 필요하다고 믿는다.

새로운 가능성과 호기심을 발견하는 방법

불필요한 창조 활동은 새로운 가능성을 탐색하고 비현실적으로 보이는 호기심을 추구할 자유를 준다. 자신의 직업을 통해 창조성을 마음껏 표현하고 호기심을 충족할 수 있으리라 기대했던 전문 창작자들 중에서 극도의 좌절감을 느끼는 경우를 자주 봐 왔다. 이들은 자신의 상사나 고객이 그어 놓은 경계에 저항하며, 이런 한계와 타협 때문에 기껏 일해 봤자 제대로 된 작품이 나오지 않는다고 끊임없이 불평을 토로한다. 어도비가 후원한 2012년 조사에 따르면 미국, 영국, 독일, 프랑스, 일본 노동자 중 대략 75퍼센트가 자신의 창의적인 잠재력을 제대로 발휘하지 못한다고 응답했다(미국의 경우에는 거의 82퍼센트에 달했다!).

창작자가 실제로 매일 할 수 있는 일과, 자원이 더 풍족하거나 규제를 덜 받을 경우 해낼 수 있다고 믿는 일 사이에는 분명히 차이가 있다. 그러나 요즘처럼 위험 허용 기준이 낮고 갈수록 자원이 부족해지는 상황에서 이런 한계는 좀처럼 변할 것 같지 않아 보인다. 매일의 일상적인 프로젝트만이 당신이 맡은 일의 전부라면 좌절감을 느끼지 않을 수 없을 것이다.

이런 악순환의 고리를 끊고 싶다면, 여유 시간에 시도하고 싶은 프로젝트의 목록을 만들어 뒀다가 매주, 혹은 매일 일정 시간을 할애하여 그 일들을 진행해야 한다. 때로는 과연 이런 일들이 가치가 있을까 싶기도 할 것이다. 특히나 수많은 시급한 일이 아우성칠 때는 더욱 그럴 것이다. 하지만 일상 업무를 처리할 창의적 에너지를 유지하기 위해서는 오히려 이런 시도가 필수적이다.

별도의 노트에 답을 찾고 싶은 질문이나 생각해 둔 아이디어, 혹은 시도해 보고 싶은 실험을 기록하는 것도 한 방법이다. 미리 정해 둔 불필요한 창조 시간을 활용해 이런 아이디어들을 시도하면 된다. 스티븐 존슨이 자신의 저서 《탁월한 아이디어는 어디서 오는가》에 적었듯이, "좋은 아이디어란 일종의 네트워크다. 처음에 당신의 뇌에서 수천 개의 뉴런 집단이 동시에 점화되면 아이디어가 의식의 표면으로 떠오른다. 새로운 아이디어란 당신의 마음이 이뤄 낼 수 있는 인접 가능성을 탐색하는 세포들의 네트워크다."[12]

결과에 어떤 제한도 두지 않은 상태로 자주 '인접 가능성'을 탐색할 때, 일과 삶의 모든 영역에서 창조적인 돌파구가 열릴 가능성은 높아지게 된다.

기꺼이 모험에 뛰어드는 용기를 주다

불필요한 창조를 활용하면 위험을 감수하고 새로운 기술을 개발할 수 있는 역량을 기를 수 있으며, 이 역량은 나중에 창의력이 필요한 업무에 적용할 수 있다. 틀에 박힌 생활을 한다고 느긴 적은 없는가? 똑같은 아이디어를 되씹고, 똑같은 우물에서만 영감을 찾거나, 문제를 해결해야 할 때마다 똑같은 연장함을 열고 있지 않은가? 예전과 같은 낡은 방식을 계속 적용한다면 우리의 도구는 뭉툭해지고 감각은 무뎌진다. 하지만 당신은 예측 가능한 결과를 내도록 고용된 상태이므로, 지시받은 일을 하는 와중에 새로운 방법을 익히거나 새로운 기술을 개발하기란 쉽지 않다.

영국 시인 데이비드 화이트David Whyte는 《일깨워진 마음The Heart Aroused》이라는 저서에 이렇게 썼다. "창조적 행위를 통해서 자기 운명을 향해 한걸음씩 나아간다면(흰 종이 위에 펜을 올리는 것만큼이나 단순한 일일 수도 있다), 우리를 감싸고 있던 덮개를 포기하게 된다는 점을 직관적으로 깨닫게 될 것이다."[13] 창의적 행위란 불확실성을 향해 나서는 일이기 때문에 본질적으로 위험이 내재돼 있다. 그런데 불필요한 창조를 위한 시간을 따로 마련해 둔다면, 새로운 일의 방식을 실험할 안전망을 갖추는 셈이다. 나쁜 결과를 두려워하지 않고 시행착오를 거칠 수 있으며, 머릿속 아이디어를 다른 누군가의 기대에 맞추기보다 스스로 창조해 낼 수 있게 된다.

불필요한 창조 행위는 이와 같이 자기표현에 대한 자신감을 길러 주고, 그 과정에서 개발한 기술은 당신의 새로운 도구가 되어 일상의 업무에 적용할 수 있다.

온전한 나 자신과 대면하게 해 주다

불필요한 창조는 자기 목소리를 낼 수 있는 공간을 마련해 주고, 스스로가 단지 생산의 결과물에 불과하지 않음을 상기시켜 준다. 당신도 나도 기계가 아니기에 아무리 효율적이고 탁월하게 일을 해낸다 할지라도 뭔가 독특한 결과를 만들어 낼 역량이 있다는 점을 스스로에게 주기적으로 상기시켜야 한다. 시대를 관통하며 진보를 이끌어 왔던 '새로움의 추구'를 향한 내재된 열망을 계속 되새길 필요가 있는 것이다.

20세기 신비주의자 토머스 머튼은 이렇게 썼다. "다른 사람을 따라 하는 이유는 심각한 이기주의 때문일 수 있다. 사람들은 유행을 모방하고 자신을 과장하는 데는 서두르는 반면, 그보다 더 나은 것을 생각해 내는 데는 게으름을 피운다. 서두름은 예술가뿐 아니라 성인聖人마저도 망친다. 사람들은 빠른 성공을 원하고, 너무 서두르느라 자신에게 충실할 시간을 갖지 못한다. 그러다 광기가 덮쳐 오면 그들은 그 서두름이 곧 미덕이라고 주장하고 만다."[14]

머튼은 주문형 창조의 압박으로 인해 앞을 똑바로 보지 못하고 동료와 경쟁자를 곁눈질하게 되는 현상을 우아하게 지적

하고 있다. 자신의 목소리를 발견하고 다듬는 과정에는 시간이 필요하다. 불필요한 창조는 시행착오를 통해 자신의 고유한 적성과 열정을 발견할 수 있는 여지를 마련해 준다. 어떤 조건이나 타인의 기대 없이 프로젝트를 시작하면 자신의 직관에 귀를 기울이고 따르는 법을 배우면서 스스로에 대한 깨달음 상태를 유지할 수 있다. 이 모두가 자신의 목소리를 발견하는 데 중요한 기술들이다.

물론 당신이 "잠깐만요. 나는 숨 쉴 시간도 거의 없는데, 단지 나 혼자 즐겁자고 안 그래도 빡빡한 스케줄에 다른 일을 쑤셔 넣으란 말입니까?"라고 항의해도 충분히 이해한다. 우리의 시간을 어디에 쓰든지 기회비용이 따르기 마련이고, 더구나 불필요한 창조 활동에 시간을 할애하는 건 정말 비효율적인 선택처럼 느껴질 것이다. 사실, 실제로 비효율적이기도 하다.

그러나 자신의 삶을 오로지 실용적인 일에만 투자할 경우 치르게 될 기회비용도 생각해 보라. 당신은 지금 다른 사람을 즐겁게 해 주고 그들의 기대에 부응하는 데 시간을 쏟으면서도, 자신의 내면 깊숙한 곳의 적성과 창의적 역량을 발견하는 일은 시도조차 하지 않고 있잖은가? 그보다 더 가치 있는 일은 아무것도 없는데도 말이다.

"

한 사람의 창작자가 인정받기 위해서는
열렬한 지지자 한 명만 있으면 된다.

_만 레이Man Ray

"

어떻게
통찰력에 불을 붙일 것인가

스콧 맥도웰 Scott McDowell

비영리 단체 및 사회적인 지각을 지닌 비즈니스 리더들과 함께 사회 문제를 해결하거나 조직의 힘을 창조하는 일을 하고 있다. 또한 컨설팅 및 헤드 헌팅 기업 CHM 파트너스를 경영하고 있다. "돈 벌기와 일은 모두 일종의 예술이기 때문에 결국 좋은 비즈니스는 최고의 예술"이라는 앤디 워홀의 말이 옳다고 믿는다. 과거 MTV의 〈120분〉 프로그램을 제작했고 현재 WFMU에서 방영되는 〈더 롱 랠리〉의 진행을 맡고 있다.

↪ www.chm-partners.com

"나는 당신이 여느 초보자들처럼 아이디어를 치고 때리고 패대기쳐서 구현할 수 있다고 생각한다." SF 작가 레이 브래드버리

는 이렇게 썼다. "물론 이런 대접을 받으면 좋은 아이디어는 발톱을 접고 등을 돌리고 영겁을 응시한 채 죽어 버리겠지만." 그렇다면 창의성을 발휘해야 하는데 도무지 아이디어가 떠오르지 않을 때는 대체 어떻게 해야 한단 말인가?

브래드버리는 나름의 길을 찾아냈다. "20대 초반, 나는 단어 연상에 빠져 살았다. 매일 아침 침대에서 일어나면 책상으로 가서 머릿속에 떠오르는 단어들을 쭉 적어 보곤 했다."

호수, 밤, 귀뚜라미, 산골짜기, 다락, 지하실, 들창, 아기, 군중, 밤 열차, 뱃고동, 낫, 축제, 회전목마, 난쟁이, 거울 미로, 해골.

"그런 다음 이 단어들과 반대되는 말이나 비슷한 단어를 생각해서 여러 가지 성질을 끌어들여 단어의 의미를 더하고, 내 삶과 연관 지어 그 의미를 생각해 본다. 이렇게 한두 시간을 보내고 나면 놀랍게도 새로운 이야기 하나가 완성된다."[15]

가장 성공한 창작자들은 아이디어가 발화하여 전개될 수 있는 기반을 꾸준히 깔아 놓는다. 이들은 항상 뇌의 신경 회로를 장악하기 위한 나름의 접근 방법을 갈고닦아, 강철에 부싯돌을 쳐서 불꽃을 일으키듯 마음에 불꽃을 일으키는 도구들을 개발했다.

내버려 두거나, 방랑하거나, 쉬거나

까다로운 문제를 다룰 때, 그 문제에 대한 신경을 꺼 버리면 해결이 되는 경우가 종종 있다. 《북회귀선》의 작가 헨리 밀러는 다른 작가들에게 자전거를 타고 도시의 낯선 곳을 다녀 보라고 권했다.[16] 작곡가 스티브 라이히는 일종의 방랑을 하듯 지하철을 타고 다녔다.

소셜 미디어 공유 앱인 '버퍼'의 창립자 조엘 개스코인Joel Gascoigne은 자칭 '해방의 습관'을 길렀다. 그는 "계속 행복하기 위해 내가 하는 여섯 가지 일들"이라는 블로그 포스팅에 이렇게 적었다. "나는 밤 9시 30분이면 수없이 다녔던 길을 산책한다. 이미 정해진 코스에 따라 매번 똑같은 길을 걷기에, 걷는 것 외에 다른 무엇도 하지 않는다. 이런 산책이 사색과 휴식을 유도한다."

뮤지션이자 프로듀서인 브라이언 이노는 아이디어가 새롭게 가지를 칠 수 있도록 휴식에 중점을 두었다.

항상 뭔가를 해야 한다는 강박 관념을 가진 사람은 아무것도 하지 않는 시간을 과소평가하는 경향이 있다. 하지만 아무것도 하지 않는 시간은 매우 중요하다. 말하자면 일상 속의 꿈꾸는 시간, 일이 정리되고 재편되는 시간과 같다. 항상 일해야 한다는 생각으로 깨어 있으려고만 한다면 이런 현상이 벌어질 수 없다. 일을 하면서 휴식 시간을 확실하게 가져야 하는 이유는, 특정 방향으로 내달릴 가속도를 얻기 위함이며 그래야 또 다른 가속도가 저절로 생겨날 수 있기 때문이다.[17]

이노는 자신의 커리어 내내 각기 다른 아이디어를 의도적으로 결합하고, 익숙하지 않은 도구를 사용하며, 과감한 시도에 공을 들이는 등 창의적 프로세스를 북돋울 수 있는 다양한 방법을 이용해 왔다. "당신이 관여해서 효율성을 높일 수 있는 방법은 얼마든지 많다"고 그는 말한다.

한계와 제약도 창의성을 이끈다

때로는 자신의 한계를 인정하는 것이 앞으로 전진하기 위한 최상의 방법일 수 있다. 비틀스의 멤버 조지 해리슨은 영국 세븐오크스의 시골 마을에 있는 부모님의 집에 머물던 중 비틀스의 '불후의 명곡' 중 하나를 작곡했다.

나는 워링턴의 어머니 집에서 〈내 기타가 조용히 우는 동안While My Guitar Gently Weeps〉을 썼다. 그때 나는 중국 역경易經에 대해 생각하는 중이었다. 이 동양의 개념에 의하면 발생한 일은 모두

예정돼 있던 것이고 우연이란 없으며 아무리 사소한 일이라도 다 목적이 있기 마련이다. 이 이론에 근거한 간단한 실험의 결과물이 바로 이 곡이다. 나는 아무 책이나 펼쳐서 맨 처음 눈에 띄는 것을 기초로 하여 그 시간과 순간에 연관된 곡을 쓰기로 결심했다. 아무 책이나 골라 펼쳤더니 "조용히 울다"라는 글이 눈에 들어왔고 나는 책을 덮은 다음 곡을 쓰기 시작했다.[18]

수많은 광고 디렉터, 디자이너, 건축가도 이와 비슷하게, 자신의 최고 작품은 고객이 정한 특정 제약하에 탄생했다고 말한다. 특정한 조건을 정해 놓으면 붙잡고 해결해야 할 일이 주어진 우리 뇌는 문제 해결 모드에 돌입한다. 언뜻 생각하면 조건이 자유로워야 창의적인 해결책이 나올 것처럼 보이지만, 다뤄야 할 범위가 너무 넓으면 오히려 결과가 뒤죽박죽으로 나올 수 있는 것이다.

저명한 건축가 프랭크 로이드 라이트는 역사적으로 볼 때 제약이 상상력을 꽃피게 하는 결과를 낳았다고 주장했다. "인류는 건축할 때 제약이 너무 심한 나머지 대부분을 상상력에 의존해야 했을 때 가장 숭고한 건축물을 남겼다."[19] 외부 고객이 설정한 제약이든 자신이 스스로 만든 제약이든, 이러한 한계 조건은 종종 창의성에 날개를 달아 주는 촉매 역할을 한다.

균형 잡힌 신체에 통찰력이 깃든다

우리의 신체와 창의적 통찰력은 어떤 관계를 맺고 있을까? 스스로의 에너지를 잘 관찰하고 때맞춰 보충하면 훨씬 더 창의적인 결과물을 내놓게 된다는 것을 여러 일화를 통해 확인할 수 있다. 명철한 지성의 소유자들은 일상에서 정신과 육체를 함께 단련하는 방법을 써 왔다. 사진작가 윌리엄 웨그먼william Wegman은 하루에 자전거를 32킬로미터나 타고, 전미도서상 수상자인 존 어빙은 일흔의 나이에도 불구하고 마치 레슬링 선수처럼 훈련한다.

《뉴스위크》는 운동이 두뇌 활동을 강화시킨다며 다음과 같이 보도했다. "거의 모든 분야의 인지 기능이 30분간의 유산소 운동을 통해 향상되는데, 창조성도 예외가 아니다. 어떤 운동이든 상관이 없으며 향상 효과는 운동 이후 적어도 2시간 동안 지속된다."[20]

규칙적인 수면 또한 해로울 게 없다. 하버드대학교의 연구 결과에 따르면, 적당한 수면과 휴식을 통해 "서로 동떨어진 아이디어 간의 연결 관계를 유추해 낼 가능성이 33퍼센트 높아진다."[21]

명상 또한 몸과 마음을 단련하는 방법 중 하나다. 오스카상을 수상한 배우 제프 브리지스와 그래미상을 수상한 뮤지션

모비Moby는 둘 다 규칙적으로 명상을 한다. 명상은 주의력과 집중력을 향상시키는 효과를 발휘하며, 일반적으로 스트레스를 완화시킨다고 알려져 있다. 명상을 계속하면 뇌 기능을 보다 잘 사용할 수 있고, 동정심을 더 잘 느낄 수 있게 되며, 아이디어 간의 내재된 연관 관계를 한층 더 예민하게 집어낼 수 있다.

영화 제작자 데이비드 린치는 저서 《데이비드 린치의 빨간방》에서, 기업들에게 생산성 문제를 해결하기 위해 명상을 도입할 것을 권유했다.

> 기업이 두려움을 강요하는 대신 에너지와 지성을 확장하여 일에 푹 빠질 수 있는 방편을 제공한다면 사람들은 특별한 대가 없이도 더 일하려 들 것이다. 그들의 창의력은 훨씬 향상될 것이고 회사는 한층 도약할 수 있다. 얼마든지 가능하다. 원래의 용도는 아니더라도 아주 쉽게 그런 용도로 활용할 수 있다.[22]

통찰력을 만들어 내는 '확실한 방법'은 궁극적으로는 아무 것도 확실하지 않다. 상황에 따라 다르기 마련이어서 자신에게 효과적인 게 최고의 방법이다. 다만 우리가 확실하게 아는 것은 우리 뇌가 일정한 패턴을 인지하고 지나치게 편해질 때 창의성이 정체된다는 점, 그리고 그때가 바로 뭔가 새로움을 추구해야 할 때라는 점이다.

결국 통찰력이란 익숙한 일은 계속 뿌리치고, 현실에 안주하는 대신 한걸음 앞서 나가는 과정을 통해 준비되는 것이다.

"

느긋하게 답을 기다리는 법을 체득한다면
우리 마음은 어떤 질문에도 답할 수 있을 것이다.

_윌리엄 S. 버로스William S. Burroughs

"

창작의 리듬을 유지하는 법

스테판 사그마이스터 Stefan Sagmeister

뉴욕에서 활동하는 그래픽 디자이너이자 타이포그래퍼, '사그마이스터 앤 월시'라는 디자인 회사를 운영한다. 루 리드, 오케이 고, 롤링 스톤스, 데이비드 번, 에어로스미스, 팻 메스니의 앨범 커버를 디자인했으며《이제까지 살면서 배운 것들Things I Have Learned in My Life So Far》을 저술했다.

ゖ www.sagmeister.com

디자이너 겸 타이포그래퍼인 스테판 사그마이스터는 25만 개의 동전으로 광장 바닥에 메시지를 적는다든가, 7년마다 1년씩 안식년을 가지는 등 자신만의 독창적인 방식으로 창의성에 접근하는 사람이다. 그는 정교한 기술과 독특한 사고를 자신의

작품에 투영한다. 《이제까지 살면서 배운 것들》이라는 책을 낸데서도 알 수 있듯이 그는 삶의 경험으로부터 교훈을 끌어내는 일에도 심취해 있다. 우리는 어떻게 두뇌 단련을 통해 '각성의 순간'을 경험할 수 있는지, 일상적인 스케줄에 창의적인 대형 프로젝트를 포함시키는 일이 왜 그토록 중요한지 이야기를 나눴다.

Q. 당신에게는 탁월한 창작 작업이 일상입니다. 이런 리듬을 유지하기 위한 당신만의 의식이 있습니까?

저는 가장 어려운 일을 아침 일찍 처리하려고 합니다. 만약 이메일을 확인하고 답장을 보내는 것처럼 쉬운 일로 하루를 시작한다면, 이후 어려운 일을 하도록 제 스스로를 납득시키기가 매우 어려워지기 때문이죠.

Q. 돌파구가 필요할 때는 어떻게 합니까?

제가 많이 사용하는 방법은 어떤 문제를 완전히 다른 관점에서 생각하는 겁니다. 몰타의 철학자 에드워드 드 보노Edward de Bono의 기술이죠. 그는 사고의 본성과 생각법에 관해 수많은 책을 썼습니다.

　드 보노의 아이디어는 지금 맡고 있는 프로젝트와는 전혀 상관없는 부분에서 시작해 보라는 겁니다. 저는 이 방법을 포르투갈의 뮤직홀 '카사 다 무지카Casa da Musica'의 아이덴티티 도출 작업을 할 때 써먹었죠. 그 아이덴티티는 자동차의 시점으로 바라보는 데서 나왔어요. 테라스 밖을 내다보고 있었는데 차가 한 대 있더군요. 그래서 자동차의 관점에서 보이는 뮤직홀의 아이덴티티에 대해 생각하기 시작했죠. 차가 이동하면 보이는 관점도 달라질 테니까 '아, 한 지점에서 볼 때와 다른 지점에서 볼 때, 그 시점에 따라 아이덴티티가 달라 보여야겠구나'라고 생각한 겁니다. 물론 카사 다 무지카의 아이덴티티가 자동차에서 비롯되었다는 걸 눈치챈 사람은 없었습니다.

드 보노가 이 방법이 효과가 있다고 여긴 이유는, 우리 뇌가 반복적 사고에 놀라울 정도로 능숙하기 때문입니다. 우리는 새로운 아이디어가 필요할 때 으레 예전에 했거나 봤던 것을 떠올리는 일부터 시작합니다. 그러므로 새로운 사람과 함께 일하거나 전혀 다른 장소에서 출발하는 것은 우리 뇌가 반복적 사고에서 벗어나도록 만드는 일종의 트릭인 셈이죠.

Q. '창의적 제약'에 대해서는 어떻게 생각하나요? 제약이 창작에 도움이 된다고 봅니까?

어떤 종류의 한계든 유용하다고 생각합니다. 처음부터 명확하게 존재했던 제약이라면 말입니다. 브라이언 이노는 전자 기타에 대해 짧고 멋진 말을 남겼어요. 전자 기타가 20세기를 지배하는 악기가 될 수 있었던 이유는 단지 너무 멍청한 악기였기 때문이라고 했죠. 전자 기타로 할 수 있는 건 정말 몇 가지 안 됩니다. 다만 그 몇 가지 기능을 아주아주 잘 해낸 덕분에, 인간은 가능성의 극단까지 시도해 볼 수 있었던 겁니다.

Q. 〈더 해피 필름The Happy Film〉이라는 다큐멘터리를 제작하셨죠? 영화처럼 새로운 매체를 탐색해 보는 일이 당신의 디자인 작업에 도움이 되나요?

저는 절반은 알고 나머지 절반은 모른 채로 프로젝트 작업을 진행할 때 가장 큰 만족감을 느낍니다. 둘 중 한쪽에 너무 치우치는 건 원하지 않습니다. 특정 분야에 대해 아는 것이 너무 없으면 불안해지고, 그 분야에 대해 너무 많이 알고 있으면 지루해지니까요.

Q. 진행 중인 프로젝트가 많았을 텐데, 어떻게 영화 작업할 시간을 따로 냈습니까?

저는 일주일 중 금요일은 아예 영화 찍는 날로 비워 놓았습니다. 하지만 초반에는 영화 제작이 꽤 힘들었어요. 단지 생각만 있을 뿐 실질적인 체계도, 일을 추진할 만한 별다른 계기도 없었기 때문이죠. 하지만 여러 사람이 참여했기 때문에 점점 수월해졌고 제가 하고 싶든, 하고 싶지 않든 처리해야 하는 일도 늘었습니다.

Q. 혼자 일할 때는 어떻게 스스로 동기 부여를 합니까?

안식년을 가지면서 확실하게 알게 된 점은 '시간'이란 공들여 내야 하는 것이고, 그렇게 만들어 낸 시간은 무슨 일이 생겨도 다른 문제에 허비해서는 안 된다는 것입니다. '자, 금요일은 영화의 날로 정하자.' 이런 마음을 먹자마자 일정표를 꺼내 모든 금요일에 '영화의 날'이라고 표시해 뒀죠. 덕분에 무슨 일이든 네 달 전에는 미리 일정을 짜게 됐고, 혹 누군가 금요일에 만나자고 하더라도 "금요일은 안 됩니다. 목요일에 뵙죠"라고 말할 수 있게 됐습니다. 지금 생각해 보면 계획 수립의 기본을 따른 거였어요. 정말 하고 싶은 일은 미리 일정표에 표시해 두는 것 말이죠.

어느 노벨상 수상자의 멋진 일화가 하나 있습니다. 그는 한 기업으로부터 시간 계획에 대해 강연해 달라는 요청을 받았습니다. 그는 유리병을 하나 들고 서서 "제가 시간 계획에 대하여 여러분에게 이야기할 내용을 직접 보여드리는 데 2분이면 충분합니다"라고 말했죠. 그러고는 굵직한 돌들을 가져와서 유리병 윗부분까지 채운 다음, 이번에는 조그마한 돌들을 또 유리병에 집어넣었고, 다시 모래를 부은 다음, 마지막으로 물까지 부어 넣었습니다. 마침내 유리병이 꽉 차게 됐죠. 이 이야기의 메시지는 꽤 분명합니다. 큰 돌부터 먼저 넣어야 한다는 거죠. 그래야 더 작은 것들도 채워 넣을 수 있으니까요.

Q. 그러니까 굵직한 돌들이 곧 창의적인 대형 프로젝트라는 뜻인가요?

맞습니다. 우리가 정말로 하고 싶은 일들인 거죠. 일정표에 이런 프로젝트들을 표시해 두고 그대로 지키지 않으면 결코 달성할 수 없습니다. 온갖 잡다한 일들에 밀려 시간을 낼 수 없게 되는 거죠.

정말 하고 싶은 프로젝트를 완수하고 싶다면 우선 그 일의 난이도부터 제대로 파악해야 합니다. 제 경우 오랫동안 해내지 못한 프로젝트가 몇 있는데, 그저 '시간만 생기면 꼭 하고 말 거야'라고 생각만 하고 있었죠. 그러다 막상 여유 시간이 생겼지만 이메일 등 여전히 제가 처리해야 할 다른 일들 때문에 결국 하지 못했어요. 자리 잡고 앉아서 그 프로젝트에 대해 생각하는 것보다 이메일에 응대하는 게 실제로도 훨씬 편하니까요.

우리 모두에게는 이런 자각이 필요합니다. 우리에게 늘 시간이 없는 이유는 사실 시간이 없는 편이 더 편리하기 때문이라는 깨달음 말입니다. 그리고 자기 자신에게 도전하고 싶지 않기 때문이기도 하지요.

"

모든 일에 완벽을 목표로 삼는 예술가는
무엇도 제대로 해내지 못한다.

_외젠 들라크루아Eugène Delacroix

"

완벽의 강요에서 벗어나라

엘리자베스 그레이스 손더스 Elizabeth Grace Saunders

코칭 및 트레이닝 기업 '리얼 라이프 이 타임 코칭 앤 트레이닝'의 창업자
겸 CEO이자 《효과적인 시간 투자의 3가지 비법3 Secrets to Effective Time
Investment》의 저자. 세계 각국의 사람들에게 평안과 자신감을 불어넣는 일에
전념하고 있다.

www.schedulemakeover.com

"어떤 일도 완벽하게 해내지 못하는데 그런 제가 완벽주의자일
리 없어요."

평소 멘토로 여겼던 분이 내게 완벽주의적 성향이 있는 것
같다고 했을 때, 자신을 제대로 파악하지 못하고 있던 나는 이
렇게 대꾸했다. 그로부터 지금까지 7년 동안, 나는 당시 멘토의

진단이 너무나 정확했다는 걸 깨달았을 뿐 아니라 그런 완벽주의적 성향이 내 능력을 저해하지 못하도록 하는 방법을 고심해왔다.

그리고 나는 과거의 행동 패턴과 관계없이 현재의 선택에 따라 다르게 행동할 수 있다는 것을 알아냈다. 우리는 완벽주의에 휘둘리지 않으려는 의식적인 결정을 통해 자기 한계를 극복하고 창의적 과정을 즐기는 능력을 키울 수 있다.

만약 수십 년간 나를 괴롭힌 완벽주의에 당신 또한 고통받고 있지는 않은지 의심스럽다면, 우선 완벽주의에 대한 다음의 정의부터 살펴보기 바란다.

- 무결점을 위해 노력하는 사람이 보여 주는 전형적인 태도로, 지나치게 높은 성과 기준을 정하고, 자신에 대한 평가에 몹시 가혹하며, 자신에 대한 다른 사람들의 평가를 걱정함.[23]
- 완벽하지 않은 것은 무엇이라도 절대로 용납하지 않으려는 태도.[24]

이상하지만 익숙하게 들리는 말이 있는가? 이 두 가지 정의 모두 공통적으로 '이상주의'와 '판단'이라는 정신적 패턴을 강조하는데, 이는 곧 '두려움'과 '자존심'이라는 핵심적 감정 상태로 이어진다. 완벽주의자는 자신을 몰아붙여서라도 머릿속에 그렸던 수준의 성과를 내기만 한다면 세상 꼭대기에 오른 듯한 기분을 느낀다. 반면 그 기준에 미치지 못할 경우에는 완전히 무너지고 만다.

물론 이런 각고의 노력이 있어야 정말 대단한 작품이 나올 수 있다. 수많은 예술가, 작가, 디자이너가 이처럼 끈질기게 이상을 추구한 덕분에 넋을 잃을 만큼 훌륭한 작품들을 선보일 수 있었다. 하지만 어떤 대가를 치러야 했을까?

지나치게 완벽을 강조하다 보면 엄청난 스트레스에 시달릴 수 있다(돌연 화를 내거나 저절로 눈물이 나는 경우를 떠올려 보라). 완벽주의적 성향 탓에 새로운 프로젝트에 몰입하기를 꺼리게 되는 건 그나마 사소한 폐해다. 최악의 경우에는 육체적, 정신적, 감정적으로 감당해야 할 희생을 견디지 못하고 아예 창조를 향한 시도 자체를 포기하게 될지도 모른다.

아이러니하게도 완벽주의는 잠재력을 제대로 발휘하지 못하도록 가로막는다. 어정쩡한 성과를 낼까 봐 두려운 나머지 아예 시도 자체를 피한다면, 성장에 필수적인 적정한 피드백과 조언, 방향성을 스스로 걷어차 버리는 셈이 된다.

완벽주의가 성장을 방해하는 지점에서 당신이 돌파구를 찾도록 돕기 위해, 나는 앞으로 창작 과정의 각 단계에서 당신이 취할 수 있는 두 가지 상반된 태도를 제시하려 한다. '완벽주의자의 태도'를 통해서는 완벽주의가 어떻게 당신의 발전을 가로막는지 확인할 수 있으며, '실용주의자의 태도'를 통해서는 더 효율적인 발전 방안을 찾아낼 수 있을 것이다. 이제부터 '나'라고 지칭하는 인물은 곧 '당신', 독자 여러분이며 앞으로 어떤 태도를 취할지는 여러분의 선택에 달려 있다. 부디 현명한 선택을 하길 바란다.

시작 단계에서 턱 막히는 기분이 들 때

완벽주의자의 태도: 나는 이상적인 순간이 찾아올 때까지는 새로운 작업을 시작할 수 없다. 즉 아무런 방해도 받지 않는 시간이 충분해야 하고, 신경 쓸 다른 일이 전혀 없으며, 프로젝트에 매진할 동기가 강력하고, 전 과정을 최적화할 수 있는 이상적인 계획이 미리 세워져 있어야 한다는 의미다. 그래서 대개는 아무것도 하지 못하는 상태에 놓인다. 그리고 일을 미루는 데 대한 끔찍한 죄의식을 느끼다가 마침내 어쩔 수 없이 일을 시작하게 된다. 이렇게 벼랑 끝에 몰린 상태로 미친 듯이 밤을 새워 일하면서 다른 것들은 무시해 버린다. 좀 더 일찍 시작했다면 더 좋은 결과를 낼 수 있었다는 걸 잘 알기에 나는 너무나 불만족스럽다.

실용주의자의 태도: 나는 일을 시작하는 데 이상적인 시간은 따로 찾아오지 않는다는 걸 알고 있다. 그래서 프로세스 중 어느 한 부분이라도 착수할 시간을 따로 마련해 둔다. 예정한 시간이 되면 그 일을 할 마음이 드는지 여부나 가장 긴급한 것인지 여부와는 상관없이 당장 할 수 있는 일부터 시작한다. 그렇게 우선 착수한 시도를 마무리할 때쯤 이 프로젝트를 언제 더 발전시킬 것인지 결정한다.

나는 일의 첫 단계는 어수선할 수밖에 없으며, 처음의 예상보다 더 오래 걸리고 더 복잡할 수밖에 없다는 점을 이해하고 있다. 그렇지만 앞으로 계획을 고치고 조정할 시간, 내 목표를 달성하고 좋은 결과물을 만들어 낼 시간이 여전히 남아 있기에 아무런 문제가 되지 않는다.

일하는 도중 길을 잃은 느낌을 받을 때

완벽주의자의 태도: 나는 다른 사람이 알아보든 말든 상관없이 작품의 모든 디테일에 집착한다. 따라서 불완전한 초안에 대충 따르는 일은 있을 수 없고, 매 단계마다 직접 수정하며 바로잡는다. 작업과 연관된 자료를 조사할 때는, 그 정보가 실제로는 필요치 않거나 전부를 사용할 수 없다 하더라도 그 주제에 대한 지식을 최대한 파고든다. 이 때문에 소모되는 시간이 많지만

그 노력만큼의 결과를 거두기에는 충분하지 않다.

결국 너무 많은 정보를 얻게 된 나머지, 범위를 한정해 집중하지 못하고 버거운 느낌이 들게 된다. 이렇게 프로젝트의 앞부분에서 너무 많은 시간과 디테일에 대한 주의를 기울인다. 그러고 나면 시간이 촉박해져서 뒷부분에서 해야 할 일은 수박 겉핥기식으로 처리할 수밖에 없다.

실용주의자의 태도: 나는 달성 가능하고 의미 있는 목표를 정한다음 그 목표를 실현하기 위한 중간 단계를 명확히 한다. 현재와 작업 마감 예상일 사이에 얼마의 시간이 남았는지 자세하게 살핀다. 여기서 '시간'이란 이 프로젝트의 진행에 소요되는 주週 단위뿐 아니라 각 주마다 투입할 시時 단위까지를 의미한다. 그런다음, 각 단계의 완성에 필요한 최소한의 시간과 프로젝트의 성공에 영향을 미칠 중요도를 고려하여, 단계별로 시간을 할당한다.

이 프로세스를 진행하면서 나는 설정해 둔 목표를 달성하도록 스스로를 채찍질하면서 내가 쓸 수 있는 시간 내에서 충분한 성과를 올릴 수 있도록 노력하되, 마지막에 여분의 시간이 남을 경우 그간의 작업을 되돌아본다. 이런 과정을 통해 덜 중요한 일에 과도한 투자를 하느라 결과를 망치지 않도록 주의

한다.

일을 끝내고 나서도 미련이 남을 때

완벽주의자의 태도: 만약 내가 더 개선하거나 추가할 수 있는 여지가 조금이라도 있다면 일이 끝났다고 할 수 없다. 결과물이 처음에 머릿속으로 그렸던 이상적인 기준에 미치지 못하다면 '완성됐다'는 표현은 적절치 않다.

실용주의자의 태도: 나는 프로젝트에 할당된 시간과 자원을 고려했을 때 최선을 다한 결과, 그 결과물에 대한 최소한의 요건이 충족된 상태를 일이 '끝났다'고 정의한다. 어떤 것이 완성되었다고 해서 추후에 더 이상 향상될 여지가 없다거나 더 정교하게 다듬을 수 없다는 의미는 아니다. 다만 그 결과물을 세상에 내놓을 수 있고 다른 일로 넘어갈 수 있다는 뜻이다.

자신의 결과물에 대한 피드백이 두려울 때

완벽주의자의 태도: 누군가 실수를 지적하거나, 다른 의견이 있거나, 내가 고려하지 않은 것을 언급하거나, 작품에 대해 긍정적인 이야기를 하지 않으면 나는 마치 완전한 실패자가 된 듯한 당황스러움을 느낀다. 내 전문 지식과 그동안 받은 존경이

도마 위에 오르는 게 아닐까, 다른 사람들이 나를 무능한 사람, 사기꾼으로 여기지 않을까 걱정된다.

실용주의자의 태도: 나는 피드백을, 결과물을 점검하고 다듬는 데 도움이 되는 고마운 존재로 여긴다. 특정한 피드백을 받아들일지 여부와 대응 방식도 내 선택에 달렸다. 타인의 통찰력에 마음을 열지 않으면 자칫 정말 멋진 의견을 놓치게 될지도 모른다. 타인의 의견을 통해 내 작업은 향상되고 내 세계는 보다 넓어진다.

여전히 완벽을 꿈꾸는 당신을 위한 마지막 조언

나 자신이 완벽주의자에서 탈출한 입장이기 때문에, '실용주의자의 태도'라고 설명한 내용이 당신에게는 마치 '적당한 선에서 안주하라'는 의미로 들릴 수도 있음을 충분히 이해한다. 완벽주의자에게 '적당한 선에서의 안주'란 작업의 미완성보다 더욱 나쁜 것이고, 이 때문에 완벽주의자들은 결과물을 내놓지 못하는 경우가 많다.

그러나 나는 여러분이 이 사례들을 훑어보고 창작 과정 속에서 테스트해 보기를 진심으로 바란다. 완벽의 추구로부터 조금 더 자유로운 상태를 목표로 삼는다면 스트레스를 덜 받으면서도 훨씬 더 좋고 더 많은 결과물을 얻을 수 있을 것이다. 실용주의자의 태도를 취함으로써 감정적 불안에 소모되던 에너지를 되찾고, 그 에너지를 무엇보다 중요한 창의적 요소에 쏟아붓는다면 말이다.

"

창의성은 재능이 아니라,
재능을 운영하는 방식이다.

_존 클리즈John Cleese

"

슬럼프를
지혜롭게 건넌 사람들

마크 맥기니스 Mark McGuinness

런던에서 전문 창작자를 위한 상담 코칭을 하고 있으며, 전 세계 고객을 대상으로 창작 전문 기업들의 컨설팅도 담당하고 있다. 저서로 《회복력Resilience》《창조적인 사람을 위한 동기 부여Motivation for Creative People》《21세기 창의력을 위한 21가지 인사이트21 Insights for 21st Century Creatives》등이 있으며 99U에 칼럼을 쓴다.

⤤ www.lateralaction.com

소설가 비크람 세스Vikram Seth는 독립 이후의 인도를 배경으로 한 소설을 100페이지가량 쓴 후 슬럼프에 빠져 버렸다. 어떻게든 스토리를 이어 나가려고 최선을 다했지만 전혀 진전이 없었다. 그러다가 마침내 그는 진정한 문제를 간과해 왔음을 깨달았다. 단지 그 시대에 대해 충분히 알지 못했기 때문이었던 것이다.

이 사실을 간파한 후 그는 집필에서 연구 쪽으로 방향을 돌려, 과거의 신문 기사들을 읽고 주요 장소를 방문하고 그 시대를 살았던 사람들을 인터뷰했다. 이 과정을 통해 너무나 방대한 자료를 모으게 된 나머지 당초 단편으로 계획했던 소설은 무려 1500페이지에 이르는 장편이 되어 버렸다. 이렇게 완성된 《어울리는 남자A Suitable Boy》는 선인세를 110만 달러나 받았다는 소문이 돌았으며, 비크람 세스는 문학계의 슈퍼스타가 되었다.[25]

이 이야기가 우리에게 용기를 주는 이유는 두 가지다. 첫째, 현재 슬럼프에 빠져 고전하는 중이라면 제아무리 스타 작가라 할지라도 슬럼프를 비켜 갈 수 없다는 점을 위안으로 삼을 수 있다. 둘째, 일단 문제를 정확히 간파하기만 하면 해결책은 놀라울 정도로 간단할 수 있음을 알려 준다.

세스는 슬럼프에 직면했을 때 자기 능력에 의문을 품거나, 무모하고 헛된 고생을 할 수도 있었다. 하지만 결국 그의 문학적 재능에는 아무런 이상이 없다는 게 밝혀졌으니 만약 엉뚱한 일에 노력을 기울였어도 아무 성과가 없었을 것이다. 그는 단지 충분히 알지 못했을 뿐이었고 더 배울 필요가 있었다. 그리고 부족한 부분을 채우자 스토리는 다시 술술 풀리기 시작했다.

앞으로 창작의 슬럼프를 겪게 된다면 자신의 능력을 의심하거나 무턱대고 노력만이 살길이라는 유혹은 떨쳐 버려라. 잠시 멈춰서 자신이 겪고 있는 슬럼프가 어떤 종류인지 스스로 물어보라. 문제의 본질을 확실히 알게 되면 해결은 훨씬 쉬워진다. 창의적 프로세스에서 겪을 수 있는 가장 흔한 슬럼프 유형 여섯 가지와 각각의 해결책을 살펴보면서 도움을 얻기를 바란다.

새로운 아이디어가 떠오르지 않아

창의적인 프로젝트를 다루다 보면 초기의 영감이 바닥나는 시기가 찾아올 수 있다. 원래 떠올랐던 아이디어는커녕 일에 대한 열정마저도 점점 찾기 어려워진다. 《톰 소여의 모험》은 위대한 소설로 손꼽히지만 마크 트웨인에게도 소설을 끝내지 못해 절망에 빠졌던 순간이 있었다. 그는 자서전에서 더 이상 스토리를 진전시키지 못했던 그 순간을 "내 연료 저장고가 바닥났다"고 묘사했다. 결국 그는 2년 동안 집필을 중단하고 다른 일에 마음을 쏟았다. 다시 원고를 집어 들었을 때 마크 트웨인은 자신의 상상력 "저장고"가 어느새 다시 채워졌다는 "위대한 발견"을 했고 마침내 소설을 완성할 수 있었다. 이 발견은 트웨인의 작가 인생에서 중대한 전환점이 되었다. 그는 이후로 책을 쓸 때마다 자신의 저장고가 바닥나는 시점을 잘 살폈고, 그 시기가 되면 휴식을 취했다가 작품을 마무리했다.

트웨인에게서 좋은 힌트를 얻을 수 있다. 자신의 저장고가 텅 비지 않았는지 잘 살펴보고, 그런 징후를 포착했다면 휴식의 계기로 삼아 당신의 무의식이 다시 그 저장고를 채울 시간을 줘라. 푹 쉬거나 완전히 다른 일에 몰두하라. 물론 트웨인처럼 2년이나 프로젝트를 제쳐 둘 수는 없겠지만, 아이디어가 고갈된 상태에서는 짧은 휴식만으로도 놀라운 효과를 볼 수 있을 것이다.

감정의 벽에 막혀 버렸어

창작은 감정적으로 치열한 작업이다. 미지의 세계에 직면해 무엇을 발견하게 될지, 자신에 대해 무엇을 알게 될지 두려울 수 있다. 자신이 다루는 주제 자체가 고통스럽거나 괴상할 수도 있고 당혹감을 안겨 줄 수도 있다. 그렇지만 그런 감정들을 아무리 피하려고 애쓴들 결국에는 일이 지연되는 결과만 남을 뿐이다.

내가 대학생이었을 때, 소설가 존 파울즈가 내가 다니던 학교에 와서 강연을 한 적이 있다. 누군가 젊은 작가에게 해 주고 싶은 조언이 있는지 그에게 물었다. 파울즈는 자신의 소설 중 성_性적인 장면을 자기 부모님도 읽게 될 거라고 상상했을 때 느꼈던 당혹감에 대해 이야기했다. 결국 그는 속으로 "그따위가 뭐가 중요해!"라고 외치며 자신 안의 장벽을 돌파했고 다시 글을 쓰기 위해 자리에 앉았다고 한다.

머릿속에 무엇이 떠오르든지 마음껏 쓰고 그리고 표현할 자유를 스스로에게 부여하라. 그것이 적어도 당분간은 사람들에게 공개되지 않을 거라는 점을 이해하라. 남의 눈을 의식하지 않으면 초안을 완성하기가 더 쉬워진다. 일단 완성한 후 잠시 시간을 갖고 대중 앞에 공개하고 싶은지 결정하면 된다.

순수했던 꿈은 어디로 갔을까

돈이나 명성 같은 외적 동기가 창의성에 좋지 않은 영향을 끼친다는 증거는 상당히 많다. 자신이 다루는 소재나 창작의 순수한 기쁨에 매료되는 등 오직 내적 동기에만 집중했을 때 최고의 작품을 얻게 되는 것이다.

음악 밴드 사이에서 잘 알려진 '2년 차 슬럼프' 현상이 바로 이런 경우다. 첫 앨범 작업을 위해 스튜디오에 뮤지션들을 풀어놓으면 그들은 그토록 원하던 음악을 만들 기회를 얻었다는 사실만으로 열정과 기쁨을 주체하지 못한다. 그러나 앨범이 성공을 거둔 후에는 유지해야 할 명성과 수입, 계속 넘어야 할 산에 대한 부담감이 따라온다. 그래서 결국에는 자신들의 본능적 판단을 의심하고 비판하게 될 가능성이 높아진다.

일단 계약을 체결하고 거래가 끝났다면(앨범 작업이든, 고객의 의뢰든, 직업상의 일이든) 보상에 대한 생각은 전부 머릿속에서 밀어내 버리고 오로지 일 자체에만 집중하라. 별도의 스튜디오나 창의적 작업에만 전념할 수 있는 공간을 마련하는 것은 큰 도움이 된다. 거기에 머무는 동안에는 사업에 대한 이야기나 성공에 대한 백일몽에 오염되지 않을 수 있는 그런 공간 말이다.

개인사가 앞길을 가로막아

창의성에는 집중력이 요구된다. 하지만 이혼 소송을 밟고 있거나, 젖먹이를 돌봐야 한다거나, 중독 문제와 싸우고 있거나, 가장 친한 친구와 절교를 했거나, 소중한 사람이 세상을 떠났거나, 이사를 해야 한다거나, 이웃과 분쟁에 휘말리는 등의 경우라면 집중하기 어려울 수밖에 없다. 이런 종류의 일들을 한 번에 하나씩 처리할 수 있다면 운이 좋은 거지만, 나쁜 일은 대개 두세 가지씩 한꺼번에 밀려오기 마련이다.

프리다 칼로의 인생은 고통으로 점철됐다. 어릴 때는 소아마비를 앓았고, 십 대에는 끔찍한 교통사고를 당해 결국은 만성적인 건강 문제를 안게 되었다. 칼로는 오랜 기간을 홀로 고통 속에서 보냈다. 동료 화가 디에고 리베라와의 폭풍 같았던 결혼 생활과 이혼, 그리고 재결합은 불륜과 직업적 라이벌 의식을 포함한 완전히 새로운 문젯거리들을 안겨 주었다. 칼로는 사고 후 병상에 누워 있을 때도 그림을 그렸고 개인사로 역경을 겪는 와중에도 변함없이 예술에 헌신했다. 그녀는 고독한 고통을 예술로 승화시켰다. "내가 자화상을 그리게 된 이유는 혼자 있을 때가 많았고 나 자신이야말로 내가 가장 잘 아는 대상이기 때문이었죠."

자신의 일을 일종의 피난처로 대하라. 즉 나쁜 일을 겪는 와중에도 통제력과 창의적인 만족감을 줄 수 있는 오아시스로 여겨라. 설사 매일 창의적인 생각이 샘솟지 않는다고 해도 자신을 너무 몰아붙이지 마라. 단지 일에 몰두하면서 아주 작은 진전이라도 있었다면 그것만으로 충분히 만족하라. 하루 일을 마치면서 연장을 내려놓는 순간, 새로운 관점에서 자신의 상황을 바라보게 될 것이다.

돈도, 시간도, 아는 것도 부족해

창작자들에게 자금 부족은 만성적인 숙제지만 빈곤은 단지 돈에만 국한된 문제가 아니다. 시간 부족, 지식 부족에 시달릴 수도 있고 진부한 인적 네트워크가 문제가 되거나 장비 등의 결함으로 인해 일을 끝마치지 못할 수도 있다.

새뮤얼 존슨이 어머니의 장례 비용을 마련하기 위해 산문집 《라셀라스》를 일주일 만에 써냈다는 일화는 유명하다. 셰인 카루스는 각본, 감독, 제작, 주연을 도맡은 자신의 컬트 영화 〈프라이머〉를 5주 만에 찍었는데, 친구와 가족을 캐스팅하고 모든 일을 혼자 처리해서 제작비를 7000달러로 낮췄다. 비틀스는 싱글 앨범이 순위권에 진입하는 성공을 거두자 그 김에 400파운드를 들여 하루 만에 10곡을 녹음한 끝에 데뷔 앨범 〈플리즈 플리즈 미〉를 완성했다고 한다.

어차피 해야 한다면 이왕이면 잘 해낸다는 마음가짐으로, 가진 자원을 최대한 활용해 가능한 많은 성과를 이루는 창의적 도전에 나서라. 그래도 여전히 의심이 든다면 영화 〈스타워즈〉 시리즈 중 첫 번째 3부작과 두 번째 3부작을 떠올리면서, 자원이 풍부하다고 해서 늘 더 나은 결과로 귀결되는지 자문해 보길 바란다.

알아주는 사람이 없으면 무슨 소용이 있나

1976년, 이기 팝의 커리어는 위태로운 지경을 맞았다. 그의 밴드 스투지스The Stooges는 혼란 속에 해체됐고, 이기 팝은 마약

중독 때문에 걷잡을 수 없는 상태가 되어 제 발로 정신 병원에 들어갈 수밖에 없었다. 이후 친구 데이비드 보위는 〈스테이션 투 스테이션〉 앨범 홍보 투어에 팝을 게스트로 초청했다. 팝은 보위가 진행하는 홍보 투어의 매끄러운 운영과 마케팅 전략에 감명을 받았다. 다음 해에 보위는 팝의 앨범 〈디 이디엇〉과 〈러스트 포 라이프〉를 제작했고 앨범 홍보를 위해 팝과 투어를 떠났다. 이 두 앨범은 팝의 솔로 음반 중 가장 유명한 음반이 되었다. 보위는 작곡가와 연주가로서 팝이 가진 재능에 항상 경탄했지만, 더 많은 세상 사람의 이목을 끌어 준 것은 제작과 마케팅의 덕이었다.

소수의 관객이나 고객만을 상대해 온 사람이라면 구태여 그런 홍보에 신경 쓸 필요가 없다고 생각할지도 모른다. 혹은 자신에게 장사꾼 기질이 없다며 홍보 효과를 애써 부정할지도 모른다. 하지만 때로는 프레젠테이션에 약간의 변화만 주어도 당신이 얻을 수 있는 보상과 영향력이 크게 달라질 수 있다. 또 그 덕분에 일에 대한 열정이 되살아날 수도 있다.

여기가 바로 창의성이 커뮤니케이션 기술과 융합되는 지점이다. 당신은 자신의 타깃이 되는 사람들을 이해하고 그들의 마음을 움직여야 한다. 즉 당신의 프레젠테이션, 마케팅, 인적 네트워킹 기술을 강화해야 한다는 의미다. 수줍음이 많거나 내성적인 성격인 것과는 무관한 얘기다. 성공하고 싶다면 소통해야 한다. 그리고 좀 무감각해지고 뻔뻔해질 필요도 있다. 좌절이나 혹평에 전혀 고통받아 본 적 없는 슈퍼스타란 존재하지 않는다.

마크 트웨인, 존 파울즈, 프리다 칼로, 이기 팝……. 만약 지금 슬럼프에 빠져 낙담해 있다면 당신 혼자만 그런 게 아니라 이런 좋은 동지들이 있었다는 사실을 떠올리고 그로부터 자신감을 얻어라. 이 '위인들' 중 어느 누구도 창작의 슬럼프에서 자유로웠던 사람은 없었다. 사실 이들을 위대하게 만든 요소 중 하나는 자기 의심, 비난, 거절 앞에서도 버텨 낸 끈기였다.

이런 장애물을 일부러 찾아 나서란 말은 아니다. 다만 굳이 외면하면서 피하지도 마라. 단지 창의적인 전문가에게 찾아오는 직업상의 위험 정도로 받아들인다면, 당신은 이제 막 슬럼프에서 벗어나 창의적 영역을 향해 첫걸음을 뗀 셈이다.

"창의력의 날을
날카롭게 세우는 루틴의 힘"
사용법

불필요한 창조를 연습하라

자신만의 창의적 프로젝트를 통해 압박이 덜한 환경에서 새로운 관심사, 기술 혹은 작업 방식을 실험해 보라.

구름처럼 방랑의 시간을 가져라

슬럼프에 빠진 느낌이 든다면 마음과 몸에 방랑할 여유를 허락하라. 문제에서 손을 떼면 당신의 무의식이 자신의 역할을 해낼 것이다.

처음부터 '끝'의 정의를 확실히 하라

프로젝트를 시작할 때부터 언제 어디가 '끝'인지를 정의함으로써 내면의 완벽주의자를 억제하라. 그리고 그 수준에 도달했다면 곧바로 멈춰라!

자동 조종 모드에 몸을 맡기지 마라

반복은 통찰력의 적이다. 가장 까다로운 문제에 독특하고 괴짜 같은 방식으로 접근하여 어떤 일이 벌어지는지 살펴보라.

근본 원인을 찾아라

샘이 말랐다고 자신의 재능 부족을 탓하지 마라. 슬럼프는 흔히 다른 문제들 때문에 발생하는 경우가 많다. 진정 무엇이 문제인지 주의 깊게 찾아보라.

자신에게 주어진 제약을 사랑하라

제약을 장애물이 아니라 혜택으로 바라보라. 제약은 성공의 보상을 높여 우리의 창의적 사고력을 자극한다.

4장

기술과 도구를
최적화하는 루틴의 힘

성과와 행복을 위해
테크놀로지를 내 편으로 만드는 방법

기술은 분명 도구에 불과하지만 정신 차리지 않으면 우리가 외려 기술에 지배당할 수 있다. 《와이어드》지의 공동 창립자 케빈 켈리는 이렇게 말했다. "모든 신기술은 뒤통수를 친다. 신기술이 주는 혜택이 클수록 남용될 우려도 커진다." 현재 우리가 기술과 맺고 있는 관계는 걱정스러울 정도다. 우리는 기술에 압도당한 채 통제력을 잃었다. 읽지 않은 메시지들을 야심차게 삭제해 버리고 '이메일 파산'을 선언하거나 아예 모든 연락을 끊어 버리는 야무진 꿈을 꾸기도 하지만, 한편으로는 중독되고 도취된 상태로 자신의 모든 생각과 이미지와 아이디어를 공유하기 위해 끊임없이 기기에 접속한다.

도구를 탓하기 쉽지만 진정한 문제는 우리 자신에게 있다. 새로운 기술을 쓸데없이 매도하거나 맹목적으로 옹호하기보다는, 좀 더 예리한 감각을 발전시켜야 한다. 스스로에게 물어야 할 때다. 우리는 왜 이렇게 강박적으로 도구 사용에 매달릴까? 이메일과 SNS를 보다 의식적으로 대한다는 건 어떤 의미인가? 기기에 접속하는 행위가 우리의 신체와 상상력에 어떤 영향을 줄까? 이 새로운 기술의 시대에서 어떤 행위가 생산적이고 어떤 행위가 파괴적인지, 우리의 일하는 방식에 의문을 던져 보는 일은 창의적 프로세스를 위해 반드시 필요하다.

하루의 28%를
더 현명하게 쓰는 법

에런 디그넌 Aaron Dignan

디지털 전략 기업 '언더커런트'의 CEO. GE, 아메리칸 익스프레스, 포드, 쿠퍼 휴이트 등 세계적인 브랜드와 대기업을 대상으로 미래에 관한 조언을 하고 있다. 저서로 《게임 프레임》 《용감한 뉴욕Brave New York》 등이 있다.

↗ www.undercurrent.com

받은 편지함의 새 메일 0통. 듣기만 해도 꽤 좋지 않은가? 왜 그렇지 않겠는가? 우리는 그 어느 때보다 많은 이메일을 주고받는데 그 양은 해가 갈수록 계속 늘어나는 중이다. 매킨지글로벌연구소가 내놓은 연구 결과에 따르면 지식 노동자는 이메일 작성, 읽기, 응답에 평균적으로 주중 근무 시간의 28퍼센트

4장 기술과 도구를 최적화하는 루틴의 힘

를 소비한다고 한다.[26] 당신이 어떤 분야에서 일을 하든지, 이메일 관리에 지나치게 많은 에너지를 쏟고 있을 가능성이 높다는 이야기다.

그 결과 많은 사람이 이메일과 관련된 업무량을 줄이기 위해 애를 쓰고 있으며, 이로 말미암아 소위 '이메일 효율성 열풍'이 불고 있다. 이 열풍은 이메일 관리를 도와주는 수백 가지 도구, 기술, 서비스, 플러그인 등이 가세함으로써 더욱 거세졌다. 이런 '최상의 이메일 관리법'을 일일이 따르는 것만으로도 진이 빠진다. 생산성 전문가들은 이메일을 완벽하게 관리하려면 다음의 지침들을, 전부는 아니라도 상당수 수행할 필요가 있다고 말한다.

- 빠른 검색을 위해 이메일 라벨을 붙이기
- 이메일을 자체 분류할 수 있는 규칙을 정하기
- 집중해서 볼 수 있는 방식으로 이메일을 보관하기
- 시각적으로 우선순위가 보이도록 색깔 부여하기
- 중요한 이메일은 다시 상기할 수 있도록 만들기
- 이메일 내용을 곧장 업무로 전환하여 누락되지 않게 하기
- 상대가 언제 어디서 메일을 읽었는지 추적하기
- 공통 메시지를 신속하게 전할 수 있도록 서식 만들어 두기

- 과도하게 발송되는 뉴스레터는 주기적으로 구독 해지하기
- 이메일은 다섯 문장 미만으로 작성하기
- 이메일 발송자의 얼굴과 숨겨진 사실을 확인할 수 있도록 소셜 플러그인 사용하기

어쩌다 이런 지경까지 왔을까? 이메일이 왜 이렇게 복잡한 의사소통 창구가 되었을까? 그 이유는 이메일이 대화, 아이디어, 독촉, 정보, 이벤트, 영상, 이미지, 문서 등을 주고받는 주요 입출력 수단이 되었기 때문이다. 이메일은 우리가 모습을 드러내지 않고도 자신을 대변할 수 있는 디지털 매체이자, 직업 세계의 다양한 요구를 주고받는 무대이다.

즉 이메일은 우리 두뇌가 디지털 영역으로 확장된 모습이라고 할 수 있다. 물론 SNS와 모바일이 이런 관심의 비중을 어느 정도 가져갔지만(앞으로는 이들 매체가 이 모두를 독식할지도 모른다), 그래도 변함없는 사실은 우리 각자가 어딘가에 디지털 메일함을 보유하고 있고, 늘 그곳을 활동의 거점으로 삼는다는 것이다. 문제는 우리의 디지털 자아가 육체적 자아보다 훨씬 더 많은 정보를 처리할 수 있기 때문에 발생한다. 인공지능이 극적으로 발달하지 않는 한, 우리는 그 괴리를 스스로 해결해야만 할 것이다.

자신의 메일함을 두뇌의 확장으로 바라본다면, '받은 편지함 0통'이라는 개념은 한층 의미심장하면서도 미묘해진다. 만약 이메일이 나의 아이디어나 목표를 전개하고 발전시키는 데 도움이 되지 않는다면, 메일함을 서둘러 정리하려는 시도는 아무런 의미가 없다. 좀 더 간단하게 설명하자면, 나는 전의를 상실한 적을 상대하듯이 매일 이메일과 씨름하고 싶지 않다는 얘기다. 이메일에 투자한 시간이 내게 뭔가 의미를 주고 나의 성취에 도움이 되길 바란다. 그렇지 않다면 애초에 이렇게 이메일을 읽고 쓰는 이유가 뭐란 말인가?

우리는 이메일이 도착할 때마다 순간적으로 그 메시지를 처리할 방법을 결정해야 한다. 내가 알아야 할 정보인가? 신속하게 답변해야 하는가? 나중에 다시 볼 필요가 있는가? 친구가 즐길 만한 정보인가? 어떤 조치를 취해야 하는가? 심사숙고해야 할까? 이 내용과 관련된 다른 이메일이나 아이디어, 작업, 프로젝트가 있는가? 이메일을 당신 편으로 만들고 싶다면, 다음의 간단한 세 단계를 따라 보길 권한다.

당신이 궁극적으로 원하는 바를 파악하라

사람들은 저마다 '처리할 일들'의 목록을 가지고 있으며 그 목록의 대다수는 책상 정리, 프레드에게 이메일로 마감일 알리기,

인보이스 발송 등과 같은 아주 단순한 작업들이다. 또한 우리에게는 이외에 각종 목표, 계획, 열망과 관련된 '계속 발전시켜야 할 일들'의 목록도 있다. 이 목록은 처리하는 데 복합적 행위가 요구되고 시간 경과에 따라 처리해야 할 단계들이 다층적이기 때문에 파악하기가 더 어렵다.

이런 복합적 목표는 시간과 에너지, 기회의 변화에 영향을 받기 때문에 달성하기 어렵다. 책을 쓰고 싶어 하는 사람이 있는가 하면, 페루에 가고 싶어 하는 사람도 있고, 자신의 우상을 만나 보는 게 궁극적인 목표인 사람도 있다.

미래의 사업, 자선 활동, 혹은 인간관계 등의 목표는 일상에서 개별적으로 처리하기 어렵기 때문에 이메일이라는 무정형의 공간 속에서 길을 잃기 십상이다. 당신의 메일함을 이런 목표를 달성하기 위한 촉매 수단으로 활용하려면, 이 목표들이 눈에 보이도록 드러나게 만들어야 한다. 내 경우는 약 4개월마다 두세 가지 복합적 목표를 정한 다음, 그 목록들을 항상 상기할 수 있도록 책상 앞에 붙여 놓고 있다.

각각의 메일을 하나의 선으로 연결하라

당신이 받은 이메일은 어떤 주제인지, 누가 보냈는지에 따라 당신이 목표를 이루는 데 디딤돌이 될 수 있다. 자신의 복합적인 목표를 인식하고 이를 마음 한가운데에 부각시켜 놓으면, 메일함으로 들어오는 내용, 사람, 기회 속에 숨은 관계와 잠재력이 서서히 보이기 시작할 것이다.

메일함을 아무 생각 없이 그냥 훑어 내리지 마라. 각각의 메시지를 잠시 동안이라도 심사숙고한 다음, 이 메일을 자신의 전반적인 목표와 어떻게 연계시킬 수 있는지 살펴라. 누구와 이 메일을 공유할 수 있을까? 일의 진척을 도와줄 만한 메일인가? 도움이나 조언을 요청할 기회인가? 이 사람은 나를 지지해 줄 만한 사람인가? 이런 점들을 염두에 둔다면 장기적 안목과 새로운 목적의식을 가지고 이메일 정리, 전송, 응답, 분류, 라벨링 등을 처리할 수 있다.

버려야 할 것은 그냥 버려라

여러분도 나처럼 하고 싶은 것, 읽고 싶은 것, 보고 싶은 것, 시험해 보고 싶은 것, 경험하고 싶은 것이 너무나 많으리라 믿는다. 당신의 메일함은 이런 가능성들의 보고寶庫와 같다. 창의적인 사람에게는 너무나 매혹적인 장소다. 그러니 마음이 넉넉한 낙관주의자들은 메일함에 50개, 100개, 심지어 1000개의 메일을 쌓아 둔 채 언젠가 귀중한 시간을 들여 응당한 대접을 해줄 기회가 오길 바란다. 그러나 현실은 어떤가? 그런 일은 절대 일어나지 않는다.

자기 목표를 성취하기 위해 메일함을 이용할 때 가장 중요한 규칙은, 핵심 목표를 살리기 위해서는 잡다한 가능성들을 죽여야 한다는 것이다. 메일함을 둘러보다가 어떤 아이디어나 기회에 눈길이 가거나 신경이 쓰인다면, 이를 추진하는 것이 자신의 복합적 목표를 이루는 데 도움이 될지 곰곰이 생각해 보라. '그렇지 않다'는 생각이 들거나 확실한 답을 얻지 못한다면, 정중하게 내려놓은 다음 또 치열하게 하루를 살아라. 만약 당신 내면의 낙관주의자가 말한 대로 그 이메일이 정말 판세를 뒤집을 가능성을 지녔다면, 그런 기회는 언젠가 반드시 또 찾아올 테니 말이다.

"

성공한 사람들과
대단히 성공한 사람들의 차이점은,

**대단히 성공한 사람들은
거의 모든 일에 '아니오'라고 답한다는 것이다.**

_워런 버핏Warren Buffett

"

당신의 SNS에는 '의미'가 있는가

로리 데쉔느 Lori Deschene
통찰력과 지혜에 관한 세계적인 커뮤니티 블로그 tinybuddha.com의 창립자.
그녀는 우리가 서로에게 가르치고 배울 것이 많다고 믿는다. 그래서 이 사이
트는 그룹 형태로 운영된다. 저서로 《작은 부처Tiny Buddha》가 있다.
🔗 www.tinybuddha.com

'이것'을 활용하면 새로운 인맥을 만들거나 사업을 확장할 수
있다. 또 이것을 이용해 자신의 전문 지식을 드러내거나, 배운
바를 공유하거나, 존경하고 경외하는 사람으로부터 배울 수 있
다. 이것으로 소식을 주고받고 재미를 얻으며 세상과 연결될
수 있고, 140자 미만의 글에서 영감을 얻기도 한다.

심리학자들은 소셜 미디어가 이처럼 소속감, 자존감을 포함

한 우리의 가장 근본적인 욕구를 충족시켜 주기 때문에 폭넓은 계층에 어필한다고 분석한다. 우리는 모두 보다 큰 집단에 속해 있다는 기분을 느끼길 원하며 자신이 하는 일이 존중받기를 원한다.

우리는 소셜 미디어 덕분에 전과는 비교가 안 될 정도로 세상과 관계를 맺고 그 세상을 확장시켜 나가지만, 동시에 수많은 새로운 난제를 떠안게 됐다. 하지만 어떤 도구든 사용할 때는 자신에게 손해가 아닌 이득이 되도록 주의를 기울여야 한다.

당신은 왜 로그인하는가

목적의식이 있는 행위로 인정받으려면 의도가 명확해야 한다. 그러나 우리는 지금까지 그렇지 않은 상태로 SNS에 접속해 왔다. 어쩌면 일을 질질 끌며 한눈팔 거리를 찾아 왔는지도 모른다. 아니면 분노, 짜증, 좌절 등의 감정을 쏟아 낼 배출구를 찾고 있었는지도 모른다.

연구에 따르면 새로운 메시지를 받을 때 우리 몸에서는 실제로 소량의 엔도르핀이 배출되는데, 이는 격렬한 운동을 마친 후 뇌에서 분비되는 화학 물질과 동일한 것이다. 자기 자신에 관해 이야기하는 것도 뇌의 보상 중추를 자극하는 활동이기 때

문에, 자신의 일상을 남에게 들려주지 않고는 점점 더 배길 수 없게 된다.[27]

소셜 미디어에 의존하는 이유가 무엇이든, 이제 우리 대부분은 핸드백이나 호주머니에 강력한 미니컴퓨터를 가지고 다니는 셈이니 어디서나 소셜 미디어에 접속할 기회가 넘쳐 난다. 항상 세상과 연결되어 언제라도 정보를 발견하고 소화하고 공유할 만반의 태세를 갖추고 있다. 뭔가가 유행하면 그에 대해 알고 싶어 한다. 누군가가 뭔가를 공유하면 그게 대체 뭔지 들여다보려고 한다. 만약 이런 세태 속에서 잠시라도 뒤로 물러나 있게 된다면, 다시 복귀하자마자 모든 걸 따라잡아야 한다는 압박감은 한층 심해질 것이다.

자신이 가지고 있는 기기에 한눈팔고 있으면 바로 앞에 있는 사람에게 신경 쓸 겨를이 없다. 소외될지도 모른다는 두려움에 대응하느라 정작 인생의 디테일을 놓치고 있다는 점은 참으로 아이러니하다.

대부분의 사람이 SNS를 할 때 의식적이지 않다. 따라서 소셜 미디어를 의식적으로 사용하려면, 다시 말해 소셜 미디어에 '수동적으로 반응'하지 않고 '능동적으로 대처'하기 위해서는 혼신의 노력이 필요하다. 의식이 깨어 있다면 자신이 미디어에 접속하는 이유를 인식할 수 있으며, 의도한 일을 마친 후에

4장 기술과 도구를 최적화하는 루틴의 힘

는 의연하게 접속을 끊을 수 있다. 효율성과 스스로에 대한 자각에 해가 될 정도로 과도하게 의존하지 않으면서도, 소셜 미디어와 진정성 있고 의미 있는 관계를 맺을 수 있는 것이다.

SNS를 사용하기 전에 물어야 할 것들

소셜 미디어와의 관계를 제대로 정립하기 위해서는 먼저 우리가 어떻게, 그리고 왜 소셜 미디어를 사용하게 되는지 이해해야 한다. 스스로에 대한 올바른 인식이 없는 상태라면 우리는 스크린과 정보에 휘둘리기 쉽다. 또한 다른 선택을 통해 실제 욕구를 더 잘 충족할 수 있는 상황에서도 당장의 만족감 때문에 소셜 미디어에 몰두하게 된다.

우선 SNS를 언제 어떻게 사용할지 기준을 정해야 한다. 그러면 그 기준과 다른 목적으로 소셜 미디어를 사용하고 싶어질 때 미리 정해 둔 의도와 비교함으로써 자기 인식을 높일 수 있다. 미리 정해 놓은 시간에만 접속하고, 그 외 시간에 접속 충동이 생긴다면 스스로에게 다음과 같이 물어보라.

- 남과 공유할 필요가 있는 내용인가? 내 인생에, 또 다른 사람들에게 가치를 더해 줄까?
- 현재 하는 일에 집중할 수 있도록 이 경험을 나중에 공유해

도 될까?

- 혹시 나의 존재를 증명하고 싶은 건 아닐까? 내 존재를 입증할 수 있는 다른 방법은 없는가?
- 단지 내가 지금 해야 할 일을 하고 싶지 않아서 회피하는 건 아닌가?
- 지루하기 때문인가? 목적의식과 적극성을 느낄 수 있는 다른 일은 없을까?
- 외롭기 때문인가? 오늘 나는 의미 있는 인간관계를 위한 기회를 만들었는가?
- 상실감이 두려운가? 당장의 상실감을 피했다는 안도감은 눈앞에 있는 소중한 대상을 놓치면서까지 얻을 만한 가치가 있을까?
- 세상의 속도를 따라잡기 위해 너무 안간힘을 쓰고 있지 않은가? 어제의 대화는 흘러가게 내버려 두고 대신 오늘의 일에 참여할 수 있을까?
- 지금 이 시간을 채울 뭔가를 찾는 대신 그냥 가만히 있을 수는 없을까?
- 아무 생각 없이 그저 잠시 즐기고 싶은 걸까?

  (자신의 의도를 정확히 알고 의식적으로 SNS에 접속했다면 이 마지막 질문에 대한 답이 '그렇다'여도 아무 문제없다.)

목적, 자존감, 의미를 생각하라

소셜 미디어를 의식적으로 사용한다는 것은 곧 소셜 미디어를 강박적으로 사용하려는 우리의 본능을 인식하고 대처한다는 뜻이다. 이 말을 반대로 생각하면, 우리가 소셜 미디어를 일부러 선택하게 된 이유는 결국 자신과 타인, 모두를 위한 본능적 욕구를 충족시키기 위해서라고 할 수 있다.

당신의 일에 소셜 미디어가 특정한 역할을 담당한다면, 당신이 소셜 미디어에 빠져들게 된 원인에는 여러 요인이 관련돼 있을 것이다. 실제로 많은 사람이 그렇다. 정해 놓은 목표에 좀처럼 다가서지 못하고 있다는 좌절감이 들면, 우리는 팔로워나 참여자 수, 접속 트래픽 등 타인들은 가진 듯한데 자신에게만 부족해 보이는 것에 몰두하고 싶은 유혹에 시달리게 된다. 그러나 실제로는 숫자가 반드시 성공의 척도는 아니며, 실질적인 충족감을 가져다주지도 않는다.

크게 성공한 내 지인들 중에는 서로에게 엄청난 가치를 제공하는 작고 충실한 인적 네트워크를 천천히 만들어 온 이가 많다. 또 내 지인들 중 큰 성취감을 느끼는 사람들은 인간관계의 '양'보다 '질'에 더욱 집중한다. 이들은 가면을 쓴 자아를 구축하고 관리하느라 애쓰는 대신, 자신의 진정한 자아를 드러내는 일을 최우선으로 삼는다. 온라인에서 알게 된 사람이든 오프라인에서 직접 만난 사람이든, 그들은 상대방과 깊은 관계를 맺고 진심으로 관심을 쏟는다. 그리고 모든 직업상의 만남 뒤에는 개인적인 욕구가 뒤따른다는 점을 염두에 둔다.

자신은 물론 타인의 핵심 욕구를 충족시키는 데 집중할 때 우리는 더 깊은 만족감을 느낄 수 있으며, 결과적으로 일의 능률 또한 더 오르게 된다. 의미 있고 서로에게 도움이 되는 관계를 통해 우리의 자존감과 소속감, 목적의식은 한층 강화되며, 성장과 인간관계의 폭도 한층 깊어진다. 저절로 계속되는 선순환이 이뤄지는 것이다.

이것이 가능하려면, 우선 당신은 의식적인 참여를 가로막고 충동적으로 반응하게 만드는 온갖 걱정에 맞서야 한다. 어딘가에 존재하는 관계의 기회나 정보를 놓치고 있지는 않을까 하는 두려움, 자신의 의견이 제대로 전달되지 않을지도 모른다는 우려, 혹은 다른 사람은 다 잘하고 있는데 자신만 뒤처지고 있다는 의구심 등등 말이다.

사실 우리는 모두 같은 배를 탄 처지다. 모두들 점점 많아지는 온라인 도구를 마음껏 활용하고 있지만, 때로는 자신을 둘러싼 수많은 사람과 매일 감당해야 하는 정보의 홍수에 압박감을 느끼기 때문이다. 그래서 소셜 미디어와의 경계선을 정하는 방법, 혹은 재생과 충전을 위해 완전히 단절할 수 있는 시기와 방법을 모두가 나름대로 모색 중이다. 동시에 소셜 미디어가 개인적, 직업적 성장을 위한 무한한 기회를 제공한다는 점 또한 우리 모두 잘 알고 있다. 소셜 미디어는 당신의 삶에 엄청난 영향력을 미칠 수 있다. 다만 어떤 도구든지 사용자의 의도에 따라 그 위력이 달라진다는 점을 기억하기 바란다.

"

당신은 어떤 일이든 할 수 있지만,
모든 걸 다 할 수는 없다.

_데이비드 앨런David Allen

"

나는 왜
디지털 안식일을 지키는가

티퍼니 쉴레인 Tiffany Shlain

영화 제작자이자 예술가이며 '웨비 상' 창립자이다. 격찬을 받은 다큐멘터리
〈접속Connected〉을 비롯해 티퍼니가 제작한 네 편의 영화는 선댄스 영화제에
서 상영됐다. 저서로 《두뇌의 힘Brain Power》《24/6》 등이 있다.
🔗 www.tiffanyshlain.com

티퍼니 쉴레인은 영화 제작자로서 테크놀로지와 접속성이 우리
문화와 관계, 두뇌에 미치는 영향을 20년 이상 깊이 성찰해 왔
다. 디지털 분야의 선구자이기도 한 그녀는 웨비 상을 창설하
고 이른바 '클라우드 영화 제작'이라는 개념을 도입했다. 웹이

가진 어마어마한 힘의 진가를 처음으로 몸소 체험한 사람이지만, 분별력 있게 접속을 끊는 행위를 옹호하는 인물이기도 하다. 우리는 '두뇌 재설정'을 통해 얻는 창의적 이득에 관해 이야기를 나눠 보았다.

Q. 당신은 이렇게 말한 적이 있습니다. "우리는 의식의 흐름을 반영하는 작업 환경을 만들어 냈다." 어떤 의미인지 설명해 줄 수 있을까요?

모든 형태의 커뮤니케이션은 곧 우리의 확장이라고 할 수 있습니다. 커뮤니케이션 이론의 철학적 사상가, 마셜 매클루언 Marshall McLuhan은 "모든 것은 우리의 '연결에 대한 갈망의 확장'이다"라고 말했죠. 우리는 멀리까지 볼 수 없기 때문에 망원경을 발명했고, 멀리 떨어진 사람들과 의사소통하기 위해 전화를 발명했어요. 그리고 모든 사람과 연결되어 아이디어를 공유하고자 인터넷을 발명했죠. 말하자면 우리 두뇌를 전 세계로 대폭 확장해 글로벌 두뇌를 만들어 낸 겁니다.

이처럼 인터넷은 우리 자신의 확장이기에 좋기도 하고 나쁘기도 한 겁니다. 우리 자신의 좋은 점과 나쁜 점이 모두 반영된 거죠. 우리는 뭔가에 집중하는 동시에 한눈도 팔잖아요. 따라서 제 생각에 진짜 문제는 기술이 아닙니다. 언제 그 기술을 차단할지 아는 수준으로 우리가 진화해야 하는 거죠.

Q. 당신은 정기적으로 기기 전원을 꺼 두는, 소위 '기술 안식일'을 실천하고 있잖아요. 구체적으로 뭘 어떻게 하나요?

저는 남편과 기기 전원을 꺼 두려는 시도를 여러 번 해 왔지만 좀처럼 성공할 수 없었어요. 그런데 아버지의 죽음을 앞두고 시간과 가족에 관해, 진정으로 현재를 충실하게 사는 법에 대해 진지하게 생각해 봤죠. 덕분에 기기 전원을 꺼 두는 일을 진심으로 원하게 됐습니다. 그래서 우리 가족은 매주 기술 안식일을 가지기로 결정했어요.

우리는 신앙이 아주 깊다고는 할 수 없지만 어쨌든 유대교도로서 안식일을 지킵니다. 금요일 밤이면 종교 의례를 치르듯 모든 스크린 기기의 전원을 차단하지요. 이 의식이 시작되면 촛불을 켜고 휴대폰, TV, 컴퓨터를 전부 끕니다. 이후 토요일까지 내내 그 상태로 생활하는 거죠.

안식일은 뿌리가 아주 오래됐어요. 하지만 옛 학자들이 안식일에 관해 기록했던 글을 보면 마치 오늘날의 세태를 얘기하는 듯한 착각이 들 정도예요. 일주일에 하루, 마음을 다르게 먹고 일을 중단하는 게 그 핵심입니다. 매주 당신의 두뇌와 영혼을 재설정하는 거죠.

Q. "영혼을 재설정한다"는 건 참 멋진 표현이네요.

그건 자신의 균형 감각에 리셋 버튼을 누르는 것과 마찬가지예요. 덕분에 제 인생이 확 바뀌었죠. 주변 사람들에게도 한번 시도해 보라고 권합니다. 소중한 사람들에게 보다 충실해진 느낌뿐 아니라 저 스스로 더 단단해지고 창의적으로 변한 느낌이 들어요.

어떤 사람들은 "아, 나도 휴가 때가 되면 기기 전원을 꺼요"라고 말하더군요. 그런데 휴가라고 해 봤자 1년에 한두 번일 뿐이잖아요. 일주일에 한 번, 정말 중요한 세계를 다른 방식으로 경험하는 데 특별한 의미가 있는 거죠.

Q. 기술 사용에 관해 당신이 적용하는 다른 규칙이 있습니까?

기술 안식일을 시작하기 전에는 밤이 되면 머리가 아팠습니다. 한동안 저는 휴대폰을 알람 시계 대용으로 사용했는데, 그러다 보니 결국 다른 것들을 들여다보게 되더군요. 이제는 침실에 테크놀로지 기기를 가지고 들어오지 않아요. 잠자리에 들기 직전에는 이메일을 확인하면 안 됩니다. 그때는 지나치게 자극받은 뇌와 마음을 이완시켜야 하죠.

저는 SNS에서 팔로우 상대들을 잘 정리하는 것도 상당히 중요하다고 믿어요. 사람들을 자기 머릿속에 들여보내면 결국

4장 기술과 도구를 최적화하는 루틴의 힘

생각에 영향을 받을 수밖에 없죠. 심지어 제가 팔로우한 사람들이 꿈에 나타난 적도 있었어요. 의식의 흐름 속에 누구를 들여보낼지 유의해야 하는 겁니다.

Q. "거대한 뭔가가 인간의 삶에 침입할 때는 반드시 저주를 남기기 마련이다." 소포클레스의 경구를 자주 인용한다고 들었습니다.

이 경구는 작가였던 제 아버지(레너드 쉴레인)가 문해력文解力에 관해 이야기할 때 인용하곤 하셨는데, 저는 인터넷을 묘사할 때도 들어맞는 말이라고 생각해요. 인터넷은 세상 모든 사람의 마음을 연결해 주는 거대하고 놀라운 기술이에요. 가져다주는 장점이 많지만 동시에 많은 걸 잃게 만들기도 하죠.

그래서 제가 추진하는 모든 프로젝트는 결국 사람들이 바쁜 일상 속에서 잠시 멈춰서 인터넷이 남긴 저주와 장점에 대해 대화하도록 만드는 일이라고 할 수 있어요. 긍정적인 면도, 부정적인 면도 둘 다 상존하니까요. 세상에는 기술이 문명을 파괴할 거라고 여기거나, 아니면 기술이 지상 최고의 선물이라고 생각하는 극단적인 사람이 너무 많은 것 같아요. 그에 비하면 저는 중도적인 입장입니다. 장점이 워낙 많지만 분명 우려할 만한 것들도 있죠. 그러니 우리가 우려하는 문제에 대해 이야기를 나눠 보는 게 중요합니다. 일단 우리가 이런 대화를 나누기 시작하면 대처하는 방식도 바뀔 거라고 믿어요.

"

우리의 의도는
이 삶을 입증하는 것이다.

혼돈으로부터 질서를 끌어낸다거나
창조적인 발전을 제시하려는 것이 아니고,

단지 우리가 살고 있는 인생에
깨어 있으려는 것일 뿐이다.

_존 케이지 John Cage

"

스크린 무호흡증에서
탈출하라

린다 스톤 Linda Stone

첨단 기술 기업의 고위 임원을 지냈고, 현재는 트렌드의 영향력을 중점적으로 다루는 저술가, 강연자, 조언가, 컨설턴트로 활약 중이다. '지속적인 주의력 분산' '이메일 무호흡증' '스크린 무호흡증' '의식적인 컴퓨터 사용' 등의 용어를 창안한 바 있다. 《뉴욕타임스》《뉴스위크》《이코노미스트》《보스턴글로브》《하버드비즈니스리뷰》와 수많은 블로그에 그녀의 연구가 소개됐다.

⤤ www.lindastone.net

지금은 '정보 과부하'의 시대라고들 한다. 정말일까? 정보의 양이 많다는 사실 자체를 탓하는 것은 우리에게 아무 도움이 되지 않는다. 지금 정말로 문제되는 것은 '정보 과소비' 현상이다. 우리는 인생의 여러 영역에 걸쳐 의식적으로 '걸러 내는 법'에 대해 배워 왔다. 그러나 디지털 생활에 관한 한 우리는 여전히 미숙하고 경험이 부족한 상태다. 특히나 테크놀로지와의 물리적인 관계에서는 더더욱 그렇다. 현재 우리가 전자 기기와 맺고 있는 관계는 만성적인 스트레스, 자율 신경계, 위태로운 호흡이 서로 얽혀 있는 어둡고 뒤틀린 이야기와 같다. 그러나 훨씬 좋아질 가능성이 있다. 우리는 오늘날의 기술을 우리의 '정신'을 보완하는 데 사용하고 있다. 하지만 이 기술을 진정한 기회로 활용하기 위해서는 우리 '존재'를 보완하는 데 써야 한다.

지난 20년 동안 벌어진 생활 방식의 가장 두드러진 변화는 우리가 텔레비전, 비디오 게임, 컴퓨터, 모바일 기기 등 각종 스크린 앞에서 보내는 시간이 늘어났다는 점이다. 보통의 성인이 하루 평균 8시간 이상을 스크린 앞에서 보낸다는 조사 결과도 있다.

2008년 실시한 조사에서는 호주에 사는 성인들의 1년간 TV 시청 시간을 모두 합치면 98억 시간인 것으로 나타났다. 통계 자료를 활용한 심층 연구에서, 연구진은 25세 이상의 성인이 TV를 1시간 시청할 때마다 평균 수명이 21.8분 줄어든다고 결론을 내렸다. 이 연구를 보도한 《뉴욕타임스》 기사에 따르면, "평생 하루 평균 6시간 동안 TV를 시청하는 성인은 TV를 보지 않는 성인보다 기대 수명이 4.8년 짧을 것으로 예상된다. TV를 시청하는 사람이 규칙적으로 운동을 하더라도 결과는 마찬가지다."[28]

이 연구진에 의하면 앉아 있을 때는 골격 근육, 특히 하지 근육이 수축되지 않으므로 에너지가 덜 소모된다고 한다. 여기서 좀 더 나아가 추정해 본다면 앉아 있을 때 림프액과 혈액은 정체된 상태에 놓인다고 볼 수 있다. 따라서 서서 일하기, 러닝머신과 결합된 책상 활용하기, 가급적 자주 서 있거나 걷기 등이 보다 건강한 디지털 생활에 도움이 되는 것이다.

그러나 앉아서 생활하는 시간이 늘어나는 현상은 부정적 영향 중 빙산의 일각에 불과하다. 스크린 앞에서 보내는 시간은 우리가 알아채지 못하는 사이에 만성적 스트레스의 악순환으로 이어진다.

스크린 무호흡증이 가져오는 충격적 폐해

2008년 2월, 나는 7개월의 연구 끝에 '이메일 무호흡증' 또는 '스크린 무호흡증'이라고 명명한 현상에 대해 발표했다.[29] 스크린 무호흡증이란 컴퓨터나 모바일 기기, TV 등의 화면 앞에 앉아 있는 동안 일어나는 현상으로, 호흡이 일시적으로 정지하거나 얕게 호흡하는 것을 말한다.

스크린 무호흡증이 얼마나 만연해 있는지 알아보기 위해 나는 사무실과 집, 카페에서 컴퓨터와 스마트폰을 사용하고 있는 200명 이상의 사람을 관찰했다. 이들 중 대다수는 호흡을 참고 있거나 매우 얕은 호흡을 하고 있는 상태였는데, 특히 이메일에 답변할 때 이 증상이 두드러졌다. 더구나 컴퓨터 앞에 앉아 있는 동안에는 자세가 흐트러지는 경우가 많다는 점이 호흡에 더욱 악영향을 주었다.

나는 이런 행동이 미치는 영향을 파악하고자 마거릿 체스니 박사와 데이비드 앤더슨 박사, 그리고 미국국립보건원에 차례로 전화를 걸었다. 체스니 박사와 앤더슨 박사의 연구를 보면 일시적 호흡 정지 증상은 스트레스 관련 질환에 중대한 영향을 끼치고 있었다. 몸이 산성화되고, 신장은 나트륨을 재흡수하기 시작하며, 산소, 이산화탄소, 산화질소의 균형이 깨지면서 생리 작용에 혼선이 야기된다.

치과에서 마취제로 사용되는 아산화질소와 혼동하기 쉬운 산화질소는 우리 몸의 건강 유지에 중요한 역할을 담당한다. 피어스 라이트는 영국왕립학회와 영국과학저술가협회를 위해 준비한 브리핑 자료에서 이렇게 밝히고 있다. "인간의 면역 체계는 바이러스, 박테리아, 기생충 감염 및 종양과 싸우는 데 산화질소를 사용한다. 산화질소는 신경 세포 간에 메시지를 전달하고 학습, 기억, 수면, 통증 자각에 관여하며, 우울증과 관련이 있을 가능성도 있다."[30] 또한 산화질소는 비만의 요인이 되는 염증을 가라앉히기도 한다.

일시적 호흡 정지 증상에 관해 문헌을 찾아보고 의사 및 연구진과 이야기를 나누는 과정에서, 미주 신경과의 상관관계도 알 수 있었다. 미주 신경은 주요 뇌신경 중 하나로, 기본적으로 교감("투쟁 혹은 도주 반응") 및 부교감("휴식 및 소화") 신경계를 포함하는 자율 신경계를 중재하는 역할을 한다.

깊고 규칙적인 호흡, 혹은 가로막 호흡은 교감 신경계를 진정시키고 허기, 포만감, 이완 반응 등의 장기 기능을 관장하는 부교감 신경계가 보다 지배적인 역할을 하도록 도와준다. 반대로 얕은 호흡, 일시적 호흡 정지, 과호흡은 교감 신경계를 투쟁 또는 도주 상태가 되도록 자극한다. 이 상태에서는 심장 박동이 증가하고 포만감은 줄어들며, 우리 몸은 늘 해 왔던 대로 싸움 또는 도주 반응에 동반되는 신체 활동을 할 만반의 준비를 갖춘다. 그러나 그런 상태에서 취하게 되는 신체 활동이 고작 앉은 채 이메일에 응답하는 것뿐이라면, 우리는 '멋지게 차려입고도 갈 곳 없는 신세'가 되어 버리는 것이다.

우리 몸은 투쟁 혹은 도주 상태일 때 충동적이고 강박적으로 반응한다. 또한 에너지를 과도하게 소비하는 경향에 빠지기

4장 기술과 도구를 최적화하는 루틴의 힘

쉽다. 이런 상태에서는 배고픔과 포만감을 잘 구별하지 못한다. 대상이 음식이든 정보든 마치 그것을 얻을 수 있는 마지막 기회인양 주변의 모든 자원에 손을 뻗게 되는데, 그러다 보니 스마트폰을 자꾸 꺼내어 이메일과 문자 메시지를 확인하는 것이다.

포르투갈 생명건강과학 연구소의 연구 결과는 이에 관해 납득할 만한 설명을 제시해 준다. 우리는 지속적으로 스트레스를 받으면 보다 익숙한 루틴에 의지하게 된다. 만성적인 스트레스 상황에 놓이면 의사 결정 및 목표지향적 행동과 연관된 뇌 부위가 수축하고 습관 형성에 관련된 부위가 커지는 것이다.[31]

어떻게 해야 탈출할 수 있는가

여기서 핵심적인 문제는 '대상', 즉 테크놀로지가 아니라는 점을 명심하라. '방법', 즉 우리가 그 기술을 어떻게 사용하느냐가 문제다. 음악을 처음 시작하는 초보자는 악기를 다루는 데 서투르고, 연주할 때 올바르게 호흡하고 자세를 잡는 법을 아직 잘 모른다. 하지만 점차 경험이 쌓여 가면서 바른 호흡과 자세를 이용해 악기를 제대로 다루는 법을 몸에 익히게 된다. 나는 2008년 연구 당시 뮤지션, 댄서, 운동선수, 군용기 시험 비행 조종사 등 자신의 일을 수행하기 위한 호흡법을 이미 배운 사람들은 스크린 무호흡증을 겪지 않는다는 사실을 발견했다.

가로막 호흡, 천식 완화에 효과가 있다는 부테이코Buteyko 호흡, 마셜 아트martial arts, 요가(프라나야마 호흡 수행) 등에서 사용하는 호흡법들은 모두 우리를 진정시켜서 부교감 신경이 좀 더 주도적 역할을 하도록 만들고, 우리 몸이 건강하고 통제된 자율 반응을 유지하도록 도와준다.

나는 테크놀로지를 올바르게 사용하기 위해 익혀야 할 새로운 일련의 기술들에 '의식적인 컴퓨터 사용'이라는 명칭을 붙였다. 우리는 테크놀로지의 생리를 파악하고 자세 및 호흡과 연관된 이 새로운 기술들을 연마해야 한다. 의식적인 컴퓨터 사용법을 충분히 몸에 익힌다면 집중력을 유지하고, 명확하고 창의적으로 사고하며, 활기와 충만감을 느끼는 능력을 되찾을 수 있을 것이다.

"

책임Responsibility이란
반응Response과 능력Ability의 결합,
즉 자신의 반응을 선택하는 능력이다.

_스티븐 코비Stephen Covey

"

'나'답게 살려면
우선 '나'를 믿어라

제임스 빅토르 James Victore
작가이자 디자이너, 영화 제작자, 교육자. 그의 작품은 뉴욕현대미술관MoMA
에 전시되었고, 전 세계 박물관의 영구 소장품으로 가치를 인정받고 있다. 현
재는 뉴욕의 '스쿨 오브 비주얼 아트'에서 학생들을 가르치고 있다.
☞ www.jamesvictore.com

오래전 《진짜 남자는 키슈를 먹지 않는다Real Men Don't Eat
Quiche》라는 제목의 책이 인기를 끈 적이 있다. '진정으로 남자
다운 모든 이에게 선사하는 가이드북'이라는 부제를 단 이 책
의 조언 중 내가 아직까지 기억하는 내용은 "진짜 남자는 자동
응답기를 쓰지 않는다. 왜냐하면 중요한 용건이라면 전화가 다

시 오게 돼 있기 때문이다"는 말이다. 이 책이 전달하고자 했던 바는 유머와 남성성의 과시였겠지만, 이 표현은 오늘날 우리가 테크놀로지 및 그 도구와의 관계 속에서 자존감을 잃고 있다는 힌트를 담고 있다. 우리는 테크놀로지를 너무나 맹목적으로, 그리고 기꺼이 우리 삶에 받아들인 나머지, 좀처럼 그 관계에 대해 숙고하거나 의문을 제기하려 하지 않는다.

긴급한 알람의 함정

우리에게 즐거움을 주고 멋지게 디자인된 휴대용 기기들은 우리 안으로 너무 깊게 손을 뻗친 나머지 매너와 문화까지 바꿔놓고 있다. 전화나 메시지, 알람이 더는 개인적 시공간을 침해하는 요소로 여겨지지 않는다. 헬스클럽과 공원은 더 이상 개인적 발전이나 사색을 위한 공간이 아니라 단지 휴대폰으로 '출석 체크'를 하는 또 하나의 장소일 뿐이다. 예전에는 저녁 식사 자리나 화장실에서 전화를 받으면 매너가 없거나 정신이 이상한 사람으로 여겨졌지만, 이제는 다반사로 용인되는 행위다.

자존감과 에티켓은 편리한 접속을 위해 우리 삶 밖으로 밀려나고 있다. 일마저도 시간과 장소를 불문하고 개인의 삶 곳곳에 뿌려지다시피 한다. 우리는 퇴근 후나 심지어 휴가 중이라 해도, 언제든 급한 고객을 돕는 게 마땅하다는 잘못된 생각에 매몰되어 있다. 언제든 대기 상태여야 하고 항상 모든 사람에게 응대할 수 있어야 한다고 여긴다. 전자 사슬에 묶여 못된 상사, 까다로운 고객, 심심한 친구에게 늘 끌려다니고 있다.

가장 곤란한 점은 우리가 '긴급함'과 '중요함'을 제대로 구별하지 못해서, 모든 일이 긴급한 일로 구분된다는 것이다. 솔직히 말해 소위 '긴급'하지만 사소한 일이, '중요'한 일보다 먼저 처리되기 훨씬 쉽다. 그러나 중요한 일보다 긴급한 일을 우선시하면 결국 자신보다는 다른 사람들이 우선시하는 일을 고르게 되고 만다. 매번 새로운 이메일이 올 때마다 우리는 바람에 흔들리는 나뭇잎처럼 미풍에도 이리저리 나부끼게 된다. 자신의 관심사는 어느새 옆으로 제쳐 둔 채 타인의 일에 매달리게 된다. 이런 바쁜 흐름 속에서 우리의 주의력은 시간을 들여 생각하고 되새기고 상상해야 하는 '의미 있는 일'로부터 멀어져 버린다. 잠시 멈추는 그 시간이 우리 삶을 향상시키고 위대한 업적의 기반을 제공해 주는데도 말이다.

주인과 노예 사이의 갈림길

세상일에 지름길은 없다. 기술의 도움으로 만들어진 지름길은 사람들에게서 일을 빼앗아 간다. 최근 나를 걱정해 주는 한 친구가 내게 명상 수행을 돕는 애플리케이션을 추천했다. 나는 평소 새로운 아이디어를 열린 마음으로 받아들이려고 노력하는 편이지만, 이 경우에는 마치 기타 연주 게임을 플레이하는 것과 실제 기타 연주를 배우는 것 사이에서 선택하라는 말처럼 느껴졌다. 아마도 좋은 명상 수행법이라면 배울 만한 가치가 있을 것이다. 그런 가치가 있다는 게 핵심일 것이다. 특별히 누구의 도움을 받지 않아도 내가 스스로 익힌 기술을 통해 한층 강해질 수 있을 것이다. 하지만 근육만 위축시킬 뿐인 목발을 굳이 왜 짚어야 하는가? 왜 애써 노력을 피하려 드는가? 그 노력하는 과정 자체가 곧 목적이다. 노력이 사람을 만들고, 우리를 더 나은 존재로 만들어 준다.

매일 테크놀로지를 이용하는 건 상대적으로 새로운 현상이다. 어디에나 기술이 존재하고 믿을 만하기에 우리는 점점 더 의존하게 된다. 하지만 새로운 기술에는 모름지기 새로운 습관이 따르기 마련이고, 좋든 나쁘든 새로운 습관은 늘 주의하며 살펴야 한다. 카페인, 사탕, 알코올을 섭취할 때 중독되지 않도록 조심해야 하듯이 도구와의 건강한 관계 또한 의식적으로 구축할 필요가 있다. 그렇지 않으면 사고의 균형감을 잃고 도구의 노예로 전락하고 만다. 마셜 매클루언의 이론대로 "우리가 도구를 만든 다음에는 그 도구가 우리를 만든다." 우리가 도구에게 주도권을 내주는 이유는 그 편이 가장 저항이 적고 쉬운 통로이기 때문이지만, 쉬운 통로에는 항상 함정이 놓여 있는 법이다.

우리는 기술을 너무 신봉한 나머지 자기 자신과 타고난 본능에 대한 신뢰를 잃어버렸다. 우리 삶에는 굳이 기술을 이용해 '더 낫게' 만들지 않아도 되는 영역이 여전히 존재한다. 당신의 스마트폰보다 당신이 더 현명하다는 점을 깨달아야 한다. 말하자면, 세상에는 당신이 구글을 통해 상상하는 그 이상이 존재한다. 실수도 삶의 일부이고 깊고 새로운 통찰력으로 인도해줄 때가 많은데, 왜 굳이 완전히 없애려 하는가? 예전에는 운전하다가, 혹은 새로운 도시를 방문하다가 길을 잃어버리는 일이 멋진 모험담이자 훌륭한 이야깃거리였다. 이제 우리는 그저 GPS가 이끄는 대로 따를 뿐이다.

진정한 나를 세상에 드러내는 법

"너 자신을 알라"는 어려운 과제다. 그런데 온갖 결점에도 불구하고 자신이 충분하다고 믿는 일은 한층 더 어렵다. SNS에 출석 체크를 하지 않고서, 트위터에 최근 소식을 올리지 않고서, 팔로워들로부터 '좋아요'를 얻기 위해 자기 존재를 입증할 사진을 공유하지 않으면서 자신을 긍정하는 게 요즘은 힘들다는 말이다. 전자 기기와 건강한 관계를 맺는다는 건 자신의 시간에 대한 주인 의식을 갖고 자신의 삶에 투자한다는 뜻이다. 그렇다고 첨단 기술을 철저히 반대하는 급진적 네오러다이트neo Luddite 운동에 나서라고 촉구하는 건 아니다. 스스로를 위한 시간을 마련하는 일은 쉽다. 개와 산책을 하고, 아이와 한가롭게 거닐고, 데이트를 나가라. 단, 휴대용 기기를 손에 들지 않은 채로 말이다. 당신의 자존감, 우선순위, 매너, 좋은 습관은 트렌드를 좇는 일과 맞바꿀 정도로 낮은 이상이 아니다.

이런 과제를 수행할 때 자기 자신을 책임지거나 자녀를 위해 좋은 본보기가 되어야 한다는 무거운 짐을 감당하기 어려워하는 사람도 많다. 그러나 다음 세대의 영웅은 이런 사람들일 것이다. 산만한 외부의 시끌벅적함을 잠재운 채 자신의 심장 박동에 충분히 오래 귀 기울일 수 있는 사람, 손바닥을 들여다보며 네안데르탈인처럼 구부정한 자세로 걷지 않고 꼿꼿하게 자신만의 길을 가는 사람 말이다. 그 대열에 합류하라.

어느 쪽에 더 집중할 것인지는 당신의 선택에 달려 있다. 신중하고 현명하게 선택하라. 세상은 기다리게 돼 있다. 중요한 용건이라면 다시 전화가 오게 돼 있듯이 말이다.

"기술과 도구를
최적화하는 루틴의 힘"
사용법

장기 목표는 눈에 잘 띄게 하라

복합적이고 장기적인 목표를 작업 공간에 붙여 두고, 업무 순서를 정할 때 제일 먼저 떠올리도록 하라.

자신의 한계 대역폭에 유의하라

특정한 이메일과 소셜 미디어에 대해서는 아예 신경 끄는 연습을 하라. 자신의 한계를 넘어서는 기회들은 늘 있기 마련이다.

스스로 자제하지 않으면 망가질 수 있다

충동적 행위와 의식 있는 행위를 구별하라. 더 높은 목표를 추구할 수 있는데도 단지 지루함을 벗어나기 위해, 혹은 맹목적인 습관 때문에 행동하고 있지는 않은가?

재설정 버튼을 눌러라

주기적으로 집 안 전자 기기의 플러그를 뽑는 의식을 치러라. 모든 기기의 전원을 끄는 건 마음의 '리셋' 버튼을 누르는 것처럼, 새로운 출발을 가능하게 해 준다.

제대로 호흡하라

자신의 신체에 관심을 가져라. 깊게 규칙적으로 숨을 쉬면 스트레스 수치가 줄어들고 좀 더 현명한 결정을 내리는 데 도움이 된다.

상상력을 신뢰하라

자신의 본능과 상상력보다 테크놀로지를 더 믿지 마라. 바쁘게 일하기는 쉽지만 최고의 일을 해내는 건 어렵다.

당신 인생의 전문가는
당신뿐

스티븐 프레스필드 Steven Pressfield
베스트셀러 소설 《불의 문》《배거 밴스의 전설》 등과 창의력에 관한 논픽션
《최고의 나를 꺼내라!》《행동하라》 등을 집필했다.
ⓒ www.stevenpressfield.com

젊은 시절, 아직 아마추어 시절일 때의 우리는 자기 자신에게나
다른 누구에게나, 별로 쓸모없는 존재다. 적어도 우리의 사명
을 완수하는 영역, 뭔가를 이루는 영역에서는 그렇다. 아마추어
수준에서 우리가 보유한 유일한 기술이라고 해 봤자 실수하기,
지쳐 나가떨어지기, 기회 앞에서 허둥대기, 자신의 권리를 과도

하게 주장하기 등 보통 자기 앞길을 막는 행위들이다.

프로가 되고 나서야 모든 것이 변한다. 그러나 프로가 되는 일은 결코 만만치 않다. 전문성에 이르는 길에는 여러 단계가 존재한다. 나는 처음 시작할 때부터 이 단계들에 대한 개념을 잡는 게 중요하다고 믿는다. 장기적인 안목이 필요하다는 거다. "그림을 그리고 싶어" "창업을 하고 싶어" "영화를 찍고 싶어"라고 말하면서 우리는 과연 무엇을 하고 있는가?

전문성에 이르는 3단계

내 인생에서 이 단계들이 어떻게 펼쳐졌는지에 기반해 나만의 로드 맵을 소개하겠다. 1단계는 단 1시간이라도 자리에 앉아 일할 수 있는 단계다. 비웃지 마라. 100명 중 99명은 해내지 못하는 단계다. 이 단계는 입문 수준, 유치원 수준이다. 그럼에도 나는 7년의 지옥 같은 시간을 보내고 나서야 겨우 이 단계에 도달할 수 있었다. 그 사실을 오래전 맨해튼의 셋방에서 깨달았다.

이 1시간을 반복할 수 있는 상태가 바로 2단계다. 다음 날에도 할 수 있을까? 하루 종일은 가능할까? 일주일 동안 계속할 수 있을까? 이 단계에서의 우리는 만화 속 물고기와 같다. 그 물고기는 원시 바다에서 튀어나와 숨죽인 채 마른땅에 처음

지느러미를 내딛었다. 이는 거대하고 획기적인 순간이다. 하지만 우리는 여전히 아가미를 지닌 채 시속 0.0001킬로미터로 기어가며 산소를 갈망하는 캄브리아기의 원시 물고기, 실러캔스에 불과하다.

이 단계에서 우리는 아직 '질'적인 면에 대해 생각조차 하지 못한다. 당신과 내가 결국에 책, 영화, 회사 등 다른 사람들의 관심을 끌 만한 뭔가를 만들어 낼 수도 있다는 생각은…… 너무 먼 나라의 이야기처럼 감히 상상조차 할 수 없는 수준이다. 이 단계에서 우리가 하게 되는 일은 자기감정을 관리하고, 자기 파괴적 충동을 조절하고, 역경에 처해서도 굴하지 않는 법을 배우는 것이다(와튼스쿨이나 아이오와 작가 워크숍에는 이런 문제의 해결법을 가르치는 수업 과정이 개설돼 있지 않기 때문에 독학하는 수밖에 없다).

3단계는 결승선을 넘는 것이다. A에서의 시작은 쉽다. 그러나 과연 Z에 이를 수 있을까? 마침내 '끝'이라는 글자를 새기기까지의 과정에서 실제로 뭔가를 얻어 낼 수 있을까(처음 프로가 된 이후의 내 경험을 돌이켜 보건대, 이 과정에 또 4년이 더 걸렸다)? 우리가 장章 하나를 쓸 수 있다면, 단편 소설 한 편을 완성할 수 있을까? 단편 영화를 찍을 수 있다면, 이제 장편 영화도 만들 수 있을까?

이 단계에 이르면 더 이상 아가미로는 호흡할 수 없다. 이제 우리는 폐를 가졌고, 두 다리로 서 있으며, 완성된 문장으로 말한다. 그리고 드디어 '품질'을 논하기 시작한다. 기교, 경험, 기술을 습득하게 된다. 시장에서 통하는, 다른 사람에게 가치를 전하는, 그리고 독립적인 판매가 가능한 제품을 생산하는 데 이르렀다. 그럼 이제 프로가 된 것일까? 그럴 수도, 아닐 수도 있다. 첫 번째는 어찌어찌 해냈지만, 두 번째도 가능할까?

첫 번째 성공 이후가 더 중요하다

나는 '저항'을 스스로 창조되고 영속화된, 눈에 보이지 않고 몰개성적이며 지칠 줄 모르는 힘이라고 정의한다. 저항의 목적은 오로지 우리가 일을 해내지 못하게, 최고가 되지 못하게, 능숙, 완벽, 관용의 수준에 이르지 못하게 방해하는 것이다.

이 힘은 절대 사라지지 않는다. 사실 저항의 힘은 전문성의 단계가 높아질수록 더욱 변화무쌍해지고 교활해진다. 저항은 첫 번째 작업에서 두 번째 작업으로 넘어가는 순간 우리를 죽이려 든다. 이 힘은 우리를 오만하게 만듦으로써 우리를 공격한다. 그 결과 우리는 자만하고 안주한다. 동시에 저항은 두려움을 통해 우리를 약화시킨다. 우리에게 '달랑 히트곡 하나로 반짝 성공했을 뿐'이라고 속삭인다.

첫 번째 성공에서 두 번째 성공으로 이어지는 길은 별개의 신기원으로 향하는 긴 여정이나 마찬가지다. 이른바 '영웅의 길'이다. 그 역경 안에서 우리는 스스로 일어서기도, 스스로 포기하기도 한다.

지금 우리는 커리어에 대해 말하고 있다. 당신이 작가라면, 책등에 당신 이름이 새겨진 책들로 가득한 책장을 떠올려 볼 수 있는가? 영화 제작자라면, 당신의 필모그래피가 인터넷 영화 데이터베이스 IMDb에 실린 모습이 그려지는가? 사업가라면, 첫 번째 창업과 여섯 번째 실패와 아홉 번째 파산과 열두 번째 대성공의 과정을 거치면서 스스로 진화하고 새로 태어날 수 있겠는가?

과연 당신은 성공을 감당할 수 있는가? 실패 후 스스로 일어날 수 있는가? 업무를 타인에게 위임할 수 있는가? 외부에 위탁할 수 있는가? 다른 사람과 함께 일할 수 있는가? 뒤를 돌아보고 다음 세대가 뒤이어 등장하도록 도와줄 수 있는가? 압박을 받으면 윤리를 저버릴 것인가? 시류에 영합하고 원칙을 포기할 것인가? 세상이 변해서 책, 영화, 자선 사업이 모두 로봇의 일이 되면 어떻게 하겠는가? 화성으로 가서 다시 시작할 수 있겠는가?

인생의 여정을 거치는 동안 '도넛 구멍이 아니라 도넛을 주시하기'를 당신의 목표로 삼아라. 하지만 도넛이 뭘까? 돈인가? 권력, 섹스, 영광, 악명인가? 봉사인가? 이타주의인가? 당신에게는 진정으로 알리고 싶은 '메시지'가 있는가?

정말 프로가 되고 싶은가?

그럼 프로란 뭘까? 프로란, 자신의 주변 또는 자기 내면에서 좋든 나쁘든 그 어떤 일이 일어나도 고차원적 노력과 윤리로 무장한 채 계속해서 일을 해 나갈 수 있는 사람이다.

프로는 매일 일터에 모습을 드러내는 사람이다.

프로는 아픈 채로도 자기 일을 하는 사람이다.

프로는 성공도 실패도 절대 개인적으로 받아들이지 않는 사람이다.

내 경우에도, 결국에는 모든 것이 다 일에 관한 문제였다. 역설적이게도 프로는 단계가 올라갈수록 점점 젊어지고 순수해진다. 물론 신경도 과민해지고 냉소적으로 변한다. 하지만 그만큼 탁월함에 더 다가서게 된다. 그렇지 않으면 계속 나아갈 수 없다. 왜냐하면 다른 일에 소진되고 말 것이기 때문이다. 시간이 지나고 당신이 거듭해서 실행할수록 그 실천은 점점 더 단순해지고 자기중심적인 성격은 덜해진다. 우리는 무언가를 내놓음으로써 한 단계 더 높은 수준의 전문가가 된다. 그래서 우리는 재능을 위해 무엇이든 내어 준다. 전문성이라는 여신에게, 그에 이르는 과정에 스스로를 바치는 것이다.

셰익스피어나 사포Sappho 또는 브루스 스프링스틴이 작품을 내놓을 때마다 진화하면서도 셰익스피어다움과 사포다움, 스프링스틴다움을 항상 간직하고 있었던 것처럼, 당신과 나 또한 우리만이 들을 수 있는 멜로디에 맞춰 계속 변신해 가야 한다. 단계가 올라갈수록 더 어려워지고, 문턱을 넘을 때마다 더 많은 것을 내어 줘야 하기 때문이다. 당신은 정말로 이런 길을 걷고 싶은가? 혹시 누군가 당신에게 수월한 길이라고 말했던가, 아니면 당신이 선택한 길인가?

"

영감은 아마추어에게나 필요한 것,
나머지 우리들은 그저 일터에 나가 일할 뿐이다.

_척 클로즈Chuck Close

"

감사의 말

우선 이 책에 글을 기고해 준 멋진 지성들에게, 받아 마땅한 박수를 보낸다. 이들 집필진의 통찰력과 전문성이 없었다면 이 책은 말 그대로 빈껍데기에 불과했을 것이다. 우리에게 그 모든 것을 나눠 주기 위해 쏟은 시간과 에너지, 관대함에 감사드린다. 이 책을 디자인한 비핸스 공동 창립자이자 디자인 팀장인 마티아스 코레아의 비전과 우리의 재능 있는 디자이너 루윈 브랜든의 뛰어난 안목에 깊은 감사를 보낸다.

아마존 퍼블리싱의 데이비드 몰더워가 보여 준 열정과 지지, 칼 같은 편집이 없었더라면 이 책은 존재하지도, 이렇게 막힘없이 읽히지도 않았을 것이다. 몰더워는 초창기부터 지금까지 비핸스와 99U의 변함없는 지지자였다. 우리의 미션을 믿고 더 많은 독자와 만날 수 있게 해 준 데 대해 감사드린다.

또한 이 책이 격조 있게 나올 수 있도록 인도해 준 커트니 도슨과 원고에 대해 예리한 생각을 더해 준 99U의 편집자 숀 블랜다, 그리고 믿을 수 없는 지지와 재능, 끈기를 보여 준 비핸스와 아마존 팀 전체에 감사드린다.

마지막으로 이 책의 시리즈를 기획하고 방향을 잡고 세련되게 다듬는 데 소중한 조언을 해 주었으며 무엇보다 나를 믿어 준 스콧 벨스키에게 깊고 깊은 고마움을 표한다. 창의성 강화라는 미션의 일환으로 99U를 이끌게 된 일은 너무도 놀라운 동시에 활력을 주는 기회였고, 앞으로도 계속 그럴 것이다.

1장

1. Lisa Rogak, *Haunted Heart: The Life and Times of Stephen King* (New York: Thomas Dunne Books, 2009), 93.

2장

2. Ben Yagoda, "Slow Down, Sign Off, Tune Out," *New York Times*, October 22, 2009.

3. L. L. Bowman et al., "Can Students Really Multitask? An Experimental Study Of Instant Messaging While Reading," *Computers and Education*, 54 (2010): 927–931.

4. S. T. Iqbal and E. Horvitz, "Disruption and Recovery of Computing Tasks: Field Study, Analysis, and

Directions," Proceedings of the Conference on Human Factors in Computing Systems, 2007.

5. A. Bucciol, D. Houser and M. Piovesan. "Temptation At Work," Harvard Business School Research Paper, no. 11-090, 2011.

6. S. Leroy, "Why Is It So Hard To Do My Work? The Challenge Of Attention Residue When Switching Between Work Tasks," *Organizational Behavior and Human Decision Processes*, 109, no. 2 (2009): 168–181.

7. Walter Mischel, Ebbe B. Ebbesen, and Antonette Raskoff Zeiss, "Cognitive And Attentional Mechanisms In Delay Of Gratification," *Journal of Personality and Social Psychology*, vol. 21, no. 2 (1972): 204–218.

8. R. Baumeister and J. Tierney, *Willpower: Rediscovering the Greatest Human Strength*. (New York: Penguin Press, 2011).

9. Kimberly D. Elsbach and Andrew B. Hargadon, "Enhancing Creativity Through 'Mindless' Work:

A Framework of Workday Design," *Organization Science*, 17 (4) 470–483.

10. Murakami Haruki, *What I Talk About When I Talk About Running* (New York: Vintage, 2009).

11. Chip Bayers, "The Inner Bezos." *WIRED*, March 1999.

3장

12. Steven Johnson, *Where Good Ideas Come From: The Natural History of Innovation* (New York: Riverhead Books, 2011), 45.

13. David Whyte, *The Heart Aroused: Poetry and the Preservation of the Soul in Corporate America* (New York: Crown Business, 1996), 83.

14. Thomas Merton and Sue Monk Kidd, *New Seeds of Contemplation* (New York: New Directions, 2007), 98.

15. Ray Bradbury, *Zen in the Art of Writing* (Santa

Barbara, CA: Capra Press, 1989).

16. Henry Miller, *On Writing* (New York: New Directions, 1964).

17. Eric Tamm, *Brian Eno: His Music and the Vertical Color of Sound* (New York: Da Capo, 1995).

18. Beatles, *The Beatles Anthology.* (San Francisco: Chronicle Books, 2000).

19. Frank Lloyd Wright, *The Essential Frank Lloyd Wright: Critical Writings on Architecture* (Princeton, NJ: Princeton University Press, 2008).

20. Po Bronson and Ashley Merryman, "The Creativity Crisis," *Newsweek*, July 10, 2010.

21. Leslie Berlin, "We'll Fill This Space, but First a Nap," *New York Times*, September 27, 2008.

22. David Lynch, *Catching the Big Fish: Meditation, Consciousness, and Creativity* (New York: Tarcher, 2007), 74.

23. Wikipedia contributors, "Perfectionism (psychology)," Wikipedia, The Free Encyclopedia, accessed November 16, 2012, http://en.wikipedia.

org/wiki/Perfectionism_(psychology).

24. "perfectionism," *Merriam-Webster.com*, accessed November 16, 2012, http://www.merriam-webster.com/dictionary/perfectionism.

25. Richard B. Woodward, "Vikram Seth's Big Book," *New York Times*, May 2, 1993.

4장

26. Michael Chui et al., "The Social Economy: Unlocking Value And Productivity Through Social Technologies," McKinsey Global Institute, 2012.

27. Diana I. Tamir and Jason P. Mitchell, "Disclosing Information About The Self Is Intrinsically Rewarding," *PNAS*, vol. 109, no. 21(2012): 8038–8043.

28. Gretchen Reynolds, "Get Up. Get Out. Don't Sit," *New York Times*, October 17, 2012.

29. Linda Stone, "Just Breathe: Building the Case for

E-mail Apnea," *Huffington Post*, February 8, 2008.

30. Pearce Wright, "Nitric Oxide: From Menace To Marvel Of The Decade." A briefing document prepared for the Royal Society and Association of British Science Writers, 1997.

31. Natalie Angier, "Brain Is a Co-Conspirator in a Vicious Stress Loop," *New York Times*, August 17, 2009.